Cizânias
Vozes de mulheres

Clara Schulmann
Cizânias — Vozes de mulheres
Zizanies

© Clara Schulmann, 2020
© Paraguay, 2020
© Editora Âyiné, 2022

Tradução **Lúcia Monteiro**
Preparação **Giovani T. Kurz**
Revisão **Fernanda Morse, Mariana Delfini**
Projeto gráfico **Violaine Cadinot**
Produção gráfica **Clarice G Lacerda**
ISBN 978-65-5998-052-9

Âyiné

Direção editorial **Pedro Fonseca**
Coordenação editorial **Luísa Rabello**
Coordenação de comunicação **Clara Dias**
Assistente de comunicação **Ana Carolina Romero**
Assistente de design **Lila Bittencourt**
Conselho editorial **Simone Cristoforetti,
Zuane Fabbris, Lucas Mendes**

Praça Carlos Chagas, 49 – 2º andar
30170-140 Belo Horizonte, MG
+55 31 3291-4164
www.ayine.com.br | info@ayine.com.br

CLARA SCHULMANN

Cizânias
Vozes de mulheres

Tradução
Lúcia Monteiro

Âyiné

Em julho de 2018, passo alguns dias na montanha, na casa de uma amiga. Telefonei para ela um mês antes, desorientada, quando soube que meu contrato com a Escola de Artes de Bordeaux, onde eu dava aula, não seria renovado. Essa notícia chega como um impedimento brutal e atravesso os meses de maio e junho um pouco assustada. Percebo a dimensão da ligação que tenho com essa escola, onde fiquei por seis anos. Com os estudantes — cujos rostos e expressões me assombrariam em seguida e por muito tempo por trajetos parisienses, assim que voltei para casa e que cessaram as idas e voltas que haviam ritmado minha vida entre Paris e Bordeaux. Com a aventura coletiva que vivi ali — vibrante, alegre, em que as amizades decidiam os projetos e vontades. Tenho a impressão de um grande vazio que se abre. Digo para mim mesma que é hora de fazer coisas que não faço nunca, de ver gente que não vejo o bastante.

Minha amiga sabe que não estou muito bem e que essa temporada na casa dela é um pouco uma fuga e um pouco um refúgio. Durante o dia, cada uma trabalha no seu canto. Tento avançar no projeto de escrita que me conduz a este livro, ela cuida do centro de arte contemporânea da cidade, no sopé da montanha. E à noite a gente conversa e fuma cigarros. Solenn fez muitas coisas em sua vida. Foi cantora. Ouvimos juntas as canções que ela escrevia com seu companheiro da época. Era 2005 e para ela parece que foi há uma eternidade. Gravo com meu telefone pedaços dessas noites porque ela tem um jeito bem romanesco de contar histórias. Quando ouço de novo essas gravações, escuto sua voz de hoje que fala por cima da voz de ontem, a das canções.

A conversa segue. Falamos de nossas vidas. Ela conta que nas ocasiões em que perdeu a voz, e isso lhe aconteceu algumas vezes, em momentos de imensa tristeza, foi porque algo em que ela acreditava de maneira inabalável de repente desmoronou. Ela me diz que as vozes fazem a ligação entre o exterior e o interior, e que é por isso que são frágeis: elas são privadas, domésticas, e ao mesmo tempo públicas. Esse nó é às vezes difícil de desatar. Digo que é exatamente sobre isso que tento trabalhar.

Ouvimos também muita música. Ela me mostra o clipe de um grupo de Toronto, Austra, *Beat And The Pulse*.

Todas essas garotas que tocam juntas transmitem uma energia um tanto desesperada mas muito decidida. Mais tarde, leio uma entrevista com a cantora, Katie Stelmanis, que conta: «O que mais gosto nesse clipe é que ele mostra apenas um grupo de amigas: nós estávamos juntas, passamos um tempo muito bom juntas. É autêntico mesmo. Tem um lado muito sexual mas esse não é o foco. É só uma imagem bem direta da sexualidade feminina. O que se vê são garotas sendo elas mesmas. Na gravação, tudo pareceu real e honesto».[1] Sinto que posso me abastecer dessas vozes femininas, nem doces, nem muito serenas, que se misturam. Há nelas uma energia um pouco nervosa que ressoa em minhas pesquisas. Garotas que cantam, que parecem vir de outro planeta e que dão vontade de dançar.

Esse momento de indefinição do mês de julho de 2018 me faz lembrar do ponto de partida real deste livro: uma ruptura amorosa, um pouco mais de quatro anos antes. Tenho consciência da plácida banalidade dessa experiência, pela qual tanta gente passa em diferentes momentos da vida. A separação em questão ocorreu sem barulho, sem briga, também sem discussão. A pessoa com quem passei quinze anos de minha vida foi embora, um dia.

1. «A Mystery Called Austra». *Electronic Beats*, 29 de abril de 2011. Disponível em: <https://www.electronicbeats.net/a-mystery-called-austra/>.

Disse que tinha conhecido alguém. Posso dizer que nunca mais o vi de novo. Uma voz familiar, com a qual conversei por toda a minha vida, desaparece. Essa separação impõe o silêncio como regra de ouro. Se até então eu navegava pelas leituras feministas um pouco sem objetivo — prestando atenção na maneira como se descreve a própria vida, como se narra a si mesma —, elas de repente se tornam precisas: persigo circunstâncias singulares, dolorosas, que nos tornam frágeis porque nos retiram a palavra. O que vivo realça o que leio. Ao trançar vozes e silêncios, circulo mais facilmente por essa literatura. Ela me permite não decidir nem resolver meus dilemas. Mas ela produz um efeito: ela deixa essas situações de vida mais «espessas», ela dá atenção ao que é às vezes tratado de um jeito um tanto rápido porque se considera que «é a vida», que «acontece» ou ainda porque não temos as palavras ou os espaços para falar disso. Compreendo que a escrita permite dar valor ao ordinário — que está repleto de assimetrias, como se vê tão bem.

A partir dessa separação, somente li, reli ou consultei obras escritas por mulheres. Passo também a escutar muitos podcasts. Programas franceses (*À Voix Nue, Transfert, Dans Le Genre, Les Savantes, Par Les Temps Qui Courent*) e também muitos podcasts americanos (*Serial, Fresh Air, Stuff Mom Never Told You, The Guilty Feminist, This*

American Life, Where Should We Begin?). São histórias, entrevistas, ficções, documentários. Passo meu tempo ouvindo mulheres falarem. Ouço cientistas, pesquisadoras, jornalistas, blogueiras, atrizes. Escuto mulheres que contam seus percursos, suas roupas, suas teses de doutorado, suas regras, suas doenças, seus filhos, seus medos, suas paixões, seus amores, suas sexualidades. Tomo notas; uma parte delas integra este livro.

O fato de ouvir sem ver produz efeitos inesperados, muito diferentes dos da leitura. As histórias não são impressas da mesma maneira: ficam repletas de tonalidades, de silêncios, de hesitações. Não associamos umas às outras como quando lemos um livro. Essas associações são muito mais flutuantes, ainda que se apoiem com mais facilidade no real. Já que o podcast acompanhou muitos de meus trajetos, como os entre Paris e Bordeaux, associo essas vozes a plataformas de estação, paisagens em movimento, rostos no metrô. Nunca, portanto, pareceram-me abstratas ou desencarnadas, mas sempre inseridas em situações bem reais.

Foi por um programa de rádio, aliás, que fiquei sabendo que, quando o direito de voto das mulheres foi adquirido na França, em 1944, suas vozes tornaram-se mais graves. Esse «agravamento» da tessitura de suas vozes acompanha a busca por reconhecimento, notadamente no domínio político e institucional. Confia-se mais em uma voz grave, deixa-se seduzir mais por uma voz grave e, de uns cinquenta anos para cá, as vozes agudas, até então consideradas especificamente femininas, desaparecem progressivamente.

A maneira como pensamos em voz alta está no coração deste livro. Coloco no mesmo balaio o ensino, o rádio, o telefone, a análise (psicanalítica). Ainda que eu tenha crescido em uma família em que se fala muito, às vezes de maneira inflamada, os estudos muito longos que fiz me levaram progressivamente a favorecer a escrita. Essa situação é na realidade bastante comum, e é impressionante nas entrevistas, notadamente com teóricas: quando elas falam, elas «traduzem» sua língua acadêmica, a escrita, na língua comum e compartilhada, oral. É possível então notar mutações na voz, a maneira como a voz se enche de emoção ou esfria — inflexões que nunca são acessíveis na leitura. Nossos estados de cansaço, de irritação ou de alegria matizam nossas vozes e essa matização vem modificar as palavras, as pausas, os silêncios. Foi no momento em que comecei a dar aulas, sete anos atrás, que essas nuances apareceram: os efeitos, as intensidades, a falta de jeito ou as falhas da oralidade, mas também sua capacidade para alcançar o presente. Hoje, penso na voz como um médium que permite retirar o saber de sua posição de poder e de autoridade, submetendo-lhe ao clima ordinário, normal ou anormal, de todos os dias, com seus acasos, suas surpresas ou, ao contrário, sua morosidade.

Lembro-me de uma «operação poesia» que lançamos em fevereiro de 2017 em Bordeaux, no ateliê de prática artística que nós quatro ocupamos: os dois Benjamins, o Armand e eu. O «love all day marathon», como o chamamos nos e-mails que trocamos, propõe que os estudantes venham naquele dia com «cantos/poemas/textos de amor». Nós especificamos: «Podem ser textos/canções/livros/arquivos que vocês escreveram/criados ou tomados de empréstimo. Trabalharemos juntos com esses textos». Nossa ideia é ler em voz alta, escutar nossas vozes, talvez gravarmos uns aos outros durante essas leituras, pedagogicamente convencidos de que tomar a palavra pode estimular formas de escrita poética. Benjamin resume o exercício num e-mail em que nós nos perguntamos em que termos devemos convidá-los para esse encontro: «Nem mais nem menos e já é muito, que ninguém entre se não for um geômetra do amor! com seu estoque de palavra & palavra etc. Serenata vs sonata encantadora. Em resumo, um e-mail de anúncio, simples, um pedido: trazer uma caneta e maçãs, que amamos». Naquela mesma manhã, passamos na biblioteca da escola para pegar livros que colocamos sobre a mesa dessa pequena sala, a 226, cujas janelas dão para o conservatório de música.

Em minha lembrança, nossa jornada poesia não faz assim um grande sucesso. Alguns estudantes vêm até a escola para ler conosco os textos, mas sua presença, sua atenção e mais ainda sua participação são indecisas. Não consigo tirar da cabeça a impressão de que é a leitura em voz alta que os atrapalha, intimida, como se ela os expusesse muito particularmente. Dito isso, no fim do dia Benjamin e eu recebemos um e-mail de Barbara, que nunca é muito prolixa mas que mesmo assim apareceu naquele dia para recitar poemas de Victor Hugo em inglês — «Tomorrow at dawn»... Intitulado «poesia stuff», o e-mail traz o link para um poema de Edna St-Vincent Millay (1892-1950), poeta norte-americana que eu desconhecia: «Time does not bring relief; you all have lied/ Who told me time would ease me of my pain!/ I miss him in the weeping of the rain/ I want him at the shrinking of the tide».[2]

O ensino é uma experiência do atraso, ou melhor, da não convergência das vozes: a ideia de resultado é constantemente posta de lado, prevalece a flutuação informe

---

2.   Edna St. Vincent Millay, «Time Does Not Bring Relief; You all have lied». *Renascence and Other Poems.* Nova York, Londres: Harper & Brothers Publishers, 1917.

dos dias e das horas passadas juntos sem que nada aconteça de verdade. Conseguir colocar sua voz nessa flutuação e fazer com que isso conte apesar de tudo é a grande história que é preciso conseguir contar para si. Se alguma vez eu consegui, é porque minha voz, em Bordeaux, estava particularmente bem acompanhada.

Os capítulos deste livro organizam uma crônica regular na qual eventos de minha vida ficam lado a lado com leituras, filmes, histórias que me contaram, conversas que pude ter, intervenções ou obras que alimentaram esta pesquisa. Sua montagem em seis partes permite que apareçam estados de alma, «momentos», tempos. A palavra «momento» é uma palavra cinza, apagada, relativamente embaçada. Essa imprecisão caracteriza o tempo vivido, praticado — que não é mais interrogado, de tanto que se confunde com o cotidiano. Indefinido porém ritmado, esse tempo vivido nos encerra tanto quanto nos liberta. No decurso de um dia, ou mesmo de apenas uma hora, atravessamos muitos «momentos» diferentes. Às vezes eles até se encavalam. Vejo-os como estações, ciclos, que afetam nossos gestos, nossos corpos, as palavras que utilizamos. Não se trata aqui de defini-los ou caracterizá-los, mas de tentar reunir uma série de histórias ao redor de cada um deles. Não se pode «fixar» um momento. É possível, no entanto, questionar o que há em seu interior — como se revista uma bolsa.

Ao redor desses «momentos» reúno uma comunidade imaginária de personagens femininos, vivos ou mortos, reais ou fictícios, que, de certa maneira, conversam entre si através destas páginas. O livro é pensado como um «dispositivo de escuta» em que a escrita serve a consignar, conservar. Trata-se de ouvir vozes, isolando-as dos terrenos ou dos contextos em que elas puderam aparecer, para capturá-las de outro modo. O trabalho se parece portanto com uma forma de transcrição, eventualmente de montagem, de *assemblage*. A escrita faz nascer essa comunidade ao desenhar ligações de parentesco: como se eu tentasse dar existência a uma família improvável, que o tempo, as épocas e as disciplinas não pudessem separar.

No filme da cineasta Sophie Fillières, *Quando Margot encontra Margot* (*La Belle et la Belle*, 2018), duas mulheres se encontram: uma tem uns quarenta anos, outra, cerca de 25. O filme propõe uma hipótese inverossímil: elas são uma só pessoa, Margot, em duas idades diferentes de sua vida. Sophie Fillières explica: «Somos estratificados pelas idades que tivemos na vida. Hoje tenho cinquenta anos, mas também 25 e 32. Elas [os dois personagens femininos] se contêm uma a outra do mesmo modo que somos multiplicados para conter as idades que tivemos e que teremos, que nos experimentam e nos moldam. [...] A questão era: como se juntar e se rasgar ao mesmo tempo».[3]

É o efeito que buscam minhas amostras: colocar lado a lado tomadas de palavra, histórias raramente associadas mas que seriam como ancestrais, irmãs ou primas de segundo grau. Uma árvore genealógica maluca, que propõe diferentes ramificações. Ajustando-as umas às outras, mesmo desajeitadamente, decido preservá-las. Mas sei bem que esse gesto também tem muito de ruptura: nem sempre trato «muito bem» essas referências. Eu as recorto, às vezes ajeito um pouco, por que não?, eu as reinvento. Coloco as aspas onde bem entendo. As genealogias que desenho não têm nada a ver com efeitos de legitimação.

O valor de uso dessas histórias me interessa mais do que seu estatuto de exceção. Tenho um amigo cuja companheira, Rosa, era babá para uma família chique do 16º *arrondissement* de Paris. Mas ela quer ser professora de espanhol. Ela deixa essa família, anunciando sua decisão. Infelizmente seu projeto profissional vai por água abaixo e ela precisa voltar a ser babá. Ela encontra uma nova família em busca de alguém, mas que gostaria de conversar

---

3. Sophie Fillières, «Comment se rejoindre et se déchirer en même temps?». *Libération*, 13 mar. 2018.

com a família anterior para saber como Rosa se comporta com as crianças, conhecer suas «referências». Ela não pode telefonar para a família que ela abandonou dizendo que está prestes a começar um novo trabalho. Meu amigo me liga para pedir que eu interprete, ao telefone, a mãe da família do 16º. Eu nego — sou péssima atriz. É finalmente Lila, uma outra amiga, que faz o papel ao telefone e que mantém esse diálogo improvável: ela é mãe em uma família com muitos filhos que vive no 16º *arrondissement*, ela descreve a vida deles, as atividades das crianças, dá detalhes, agrada a interlocutora. Ela entra no jogo dessa vida que ela não tem e que inventa durante a conversa. Na vida, Lila faz filmes que tomam o real de empréstimo, mas que se parecem com ficções. Ao inserir cenas escritas e interpretadas em situações reais, ela busca produzir emoções que os métodos do documentário não conseguiriam obter sozinhos. Essa mistura reorganiza as relações sociais ou joga luz sobre elas de um jeito diferente. Seus personagens desempenham frequentemente atitudes combativas, que recusam as determinações. Essa história de babá é interessante pois coloca Lila em uma situação de escrita e de jogo que ela conhece bem, em que a palavra é colocada numa partilha entre realidade e ficção, abrindo assim pistas políticas.

No episódio «The Tape» da série *Seinfeld,* Elaine, a amiga de sempre, assiste a um dos espetáculos de Jerry, bem do fundo da sala. Ao seu lado, ela encontra o gravador que Jerry havia posto ali para poder ouvir de novo suas performances. Espontaneamente, um pouco de brincadeira, ela começa um monólogo ultrassensual, dirigido a Jerry, e tem certeza de que o monólogo permanecerá anônimo. Jerry descobre a gravação no dia seguinte. É fisgado pela voz suave e lânguida daquela mulher desconhecida. Decide encontrá-la.

Ele leva a fita para George e Kramer — ambos ficam ensandecidos frente aos poderes eróticos daquela voz misteriosa. Mais tarde, Elaine revela a George, com garantia de sigilo, que ela está na origem da gravação. Dali em diante, George não consegue nem olhar para Elaine: o fato de ter fantasiado com aquela voz e de precisar agora atribuí-la a sua amiga constitui uma perturbação intransponível.

Esse incômodo, essas manipulações falam muito sobre os poderes da voz, sobretudo quando ela se emancipa do corpo. No caso de *Seinfeld* ou dessa história de babá, a voz e suas atribuições, verdadeiras ou fictícias, produzem efeitos no real. Esses efeitos são às vezes tão poderosos que conseguem mudar o rumo dos acontecimentos. As hierarquias se desfazem e outras lógicas são desenhadas. O mal-estar, o embaraço ou as verdadeiras soluções produzidas por essas novas divisões, inesperadas, indicam algo muito simples: nossas identidades não cessam de se reconfigurar, elas não esperam outra coisa senão isso. A voz, a nossa, quando se transforma, se adapta, se crispa, nossa voz então nos escapa, nos indica a amplitude dessas reconfigurações, dessas potencialidades. Esses desacordos pontuam e alimentam nossas vidas. Ao me lançar nesta compilação de histórias e citações, eu não sabia que as questões da dublagem, do «redizer», da mímica, da imitação ou da mascarada estavam no centro da literatura feminista. Descobri isso mais tarde. Donna Haraway fala muito bem a esse respeito: «'A experiência das mulheres' não constitui um dado que preexistiria a todo o resto e que poderia simplesmente ser apropriado por meio dessa ou daquela descrição. O que pode contar como 'experiência das mulheres' está na verdade estruturado por velocidades múltiplas, frequentemente discordantes. 'Experiência', assim como 'consciência', é uma construção intencional, um artefato de primeira importância. A experiência também pode ser reconstruída, relembrada ou reformulada. Um meio muito poderoso de fazê-lo é ler e reler ficção, de modo a criar o efeito de acessar a vida e a consciência de outra pessoa [...]. Essas leituras, por sua vez, criam um campo de ressonâncias em

que cada versão acrescenta tons e formas às outras, tanto em ondas cacofônicas quanto em ondas harmoniosas».[4]
Este livro reúne ondas cacofônicas.

4. Donna J. Haraway, «Reading Buchi Emecheta: Contests for 'Women's Experience' in Women's Studies». In: *Simians, Cyborgs, and Women. The Reinvention of Nature*. Nova York: Routledge, 1991, p. 113. [A tradução para o francês foi ligeiramente modificada pela autora. A tradução para o português procurou manter o mesmo espírito, N. T.]

1. ON/OFF

Ser e não ser

Em 2011, sou contratada como professora temporária da Universidade de Lyon 2, no campus de Bron, em um departamento de cinema. Tenho muitas disciplinas diferentes para dar, entre as quais uma de «estética geral», que acontece no anfiteatro. Para chegar ali, era preciso descer o que para mim parecia ser uma infinidade de degraus. Revejo os estudantes — uma sucessão de silhuetas escuras paralisadas atrás de seus computadores. Eu estava aterrorizada. Não sabia como me movimentar, como me dirigir àqueles rostos, como olhar para eles. Tampouco sabia como falar para eles. Minha voz nunca conseguiu adaptar-se a tal configuração. Tendo em vista o tamanho do anfiteatro, duas soluções se apresentavam para mim: ou eu falava usando o microfone, disposto sobre uma mesa, longe, o que me obrigava a quase deitar-me sobre ela — e a destruir minhas costas —, ou eu renunciava ao microfone e contava apenas com minhas próprias forças — foi o que fiz. Eu tinha a impressão de que seria impossível ser ouvida pelos estudantes sem falar muito alto, quase gritando. Uma semana após a outra, minha voz se deteriorou progressivamente. Até que mais nenhum som saísse de minha boca. Marquei consulta com uma fonoaudióloga em Paris, perto de Gobelins. Ela me ensinou a respirar pela barriga, a parar de maltratar minhas cordas vocais. Dei as aulas em Lyon até o fim do ano e troquei a universidade por uma escola de artes. Até então, nunca havia passado pela minha cabeça que minha voz seria uma ferramenta de trabalho.

///

Passo a ouvir, a escutar vozes. Que elas possam estar aqui e desaparecerem, que elas sejam o reflexo de nossas fragilidades: essa descoberta me deixa sensível a suas interrupções, às gagueiras — e também aos momentos em que as vozes jorram, em que nada parece conseguir interrompê-las. Procuro me abastecer nas pausas, no repouso das vozes — nem sempre escolhido.

///

Em seu romance *Rostos na multidão*, a romancista mexicana Valeria Luiselli leva à cena uma escritora que tem duas crianças pequenas. Em uma casa da Cidade do México que se transforma lentamente em ruína, ela tenta escrever um livro. Seu marido arquiteto lê escondido as páginas que ela escreve, a vigia dissimuladamente, e seu filho não para de interrogá-la sobre o que ela faz. Nunca está tranquila. Ela para muito, deixa a escrita para mais tarde. A interrupção está no coração do livro. O fluxo contínuo que a escrita exige é irremediavelmente contrariado, complicado pelas peripécias tanto práticas, cotidianas, quanto fantasmáticas. «Os romances são de grande fôlego», escreve a narradora. «Assim querem os romancistas. Ninguém sabe exatamente o que significa, mas todos dizem: grande fôlego. Eu tenho uma bebê e um menino médio. Não me deixam respirar. Tudo o que escrevo é — tem que ser — de curto fôlego. Pouco ar.»[5] Sua voz se perde nos meandros. No meio de todos os motivos que o livro exibe, passo a notar essas pausas que ela é obrigada a estabelecer entre ela e seu projeto. Observo como ela faz para aceitar a interrupção. O aborrecimento que isso produz, mas também como a vontade de retornar duplica

---

5. Valeria Luiselli, *Rostos na multidão*. Trad. Maria Alzira Brum. São Paulo: Companhia das Letras, 2012.

esse aborrecimento. Entendo que a interrupção fomente a pulsação, o pulso, a espera, a impaciência. Ao avançar na leitura, as personagens que substituem ou duplicam a narradora se multiplicam: ela é ao mesmo tempo mãe, jovem mulher sem filhos, escritora, editora em Nova York, tradutora, mas se enfia também na pele do poeta que ela está traduzindo. Assim, quando a escrita deve ser suspensa, é possível continuá-la de outra maneira, inventando outras vidas, outros personagens, outras vozes. As identidades se dissolvem umas nas outras. Penso que o fato de ser constantemente interrompida traz mais soluções do que problemas.

«Mesmo a investigação mais superficial sobre a escrita das mulheres logo suscita uma porção de perguntas», escreve Virginia Woolf em 1929. «Por que, por exemplo, não houve uma produção contínua de escrita feita por mulheres antes do século XVIII? Por que elas, nessa época, escreveram quase tão habitualmente quanto os homens e no desenvolvimento dessa escrita criaram, um após outro, alguns dos clássicos da ficção inglesa? [...] Basta pensar um pouco para ver que nós fazemos perguntas para as quais só iremos obter, como resposta, mais ficção. A resposta atualmente está fechada em velhos diários, afundada em velhas gavetas, meio apagada na memória dos antigos. É para ser encontrada nas vidas obscuras — nesses corredores quase sem luz da história onde figuras de gerações de mulheres são tão indistintas, tão instavelmente percebidas. Porque sobre as mulheres muito pouco se sabe.»[6]

Os corredores sem luz, as vidas obscuras, as velhas gavetas, os diários: a voz das mulheres se faz ouvir nos subterrâneos das vias oficiais, mais retilíneas. Daí sua intermitência, sua rítmica peculiar que a faz acender-se e apagar-se, escapar às linhas contínuas. Essa ideia de um batimento irregular me permite deslocar a ideia de pane até expulsá-la. A intermitência como condição da escrita, como da palavra, me agrada. Digo a mim mesma: funciona assim também comigo.

///

Repenso, por exemplo, em minha voz de professora em Bordeaux: essa voz se acende e se apaga. Falo e ouço. Mas tenho a obrigação de falar. Desço do trem, digo a mim mesma: «Não tenho a menor ideia do que vou contar para eles». Como a palavra se aciona, se coloca em funcionamento, depois se desliga ou ao menos se rarefaz,

---

6. Virginia Woolf, «Mulheres e ficção» (1929). In: *Mulheres e ficção*. Trad. Leonardo Fróes. São Paulo: Penguin Classics Companhia das Letras, 2019, pp. 9-10.

no retorno a Paris: minha voz volta a ser doméstica, privada, depois de ter sido, digamos, pública. Reencontro a escrita, solitária, os textos que devo entregar, o trabalho de crítica, tão diferente do ensino e que apreende a prática artística por um outro ângulo. Penso muito sobre essa rítmica, esse balanço entre minha voz «compartilhada» e a escrita, cujo aspecto eremita me parece às vezes tão menos alegre. Sou especialmente sensível a isso porque os alunos são frequentemente muito silenciosos e não paramos de pedir que falem, que digam algo, como uma súplica. Ao ver os professores lutando para fazerem com que pronunciem algum som, em meu foro interior sinto inveja do direito ao silêncio que eles têm.

///

Laura Mulvey, em «Prazer visual e cinema narrativo»,[7] seu texto dedicado ao cinema hollywoodiano e suas estruturas patriarcais, confia a ideia de interrupção aos personagens femininos: sua aparição tem por missão

---

7. Fundador dos estudos feministas, o texto de Laura Mulvey, «Visual pleasure and narrative cinema», foi publicado pela primeira vez em 1975 na revista britânica *Screen*. Ed. bras.: «Prazer visual e cinema narrativo», trad. João Luiz Vieira. In: Ismail Xavier (org.), *A experiência do cinema: antologia*. Rio de Janeiro: Graal, 1983, pp. 435-53.

interromper o fluxo da narração. Submetidas aos olhares masculinos que repetem o ponto de vista da direção, essas figuras são suspensas em um equilíbrio tênue: a continuidade da ação deve ser mantida, mas sua aparição deve ser eroticamente satisfatória. Nos números dançados e cantados, por exemplo, a ação no sentido estrito é interrompida. A mise-en-scène se reorganiza então ao redor dessas performances femininas, oferecendo aos espectadores um instante de pura contemplação. A interrupção diverte. Marilyn em *O rio das almas perdidas* (*River of No Return*, 1954), Lauren Bacall em *Uma aventura na Martinica* (*To Have and Have Not,* 1944): quando elas se põem a cantar, nada mais importa. Apenas a contemplação erótica, em um tempo suspenso, em que a voz e o corpo femininos, da *showgirl*, conduzem o filme a uma zona incerta, fora de seu próprio espaço-tempo. A narrativa poderá retomar seu curso? É um simples desvio ou a própria essência do que o cinema tenta defender?

///

No avesso da voz cantada destinada aos olhares, puro efeito de superfície que congela a ação, o cinema clássico propõe algumas vozes femininas em off. Vozes interiores que permitem ouvir o que se passa na cabeça das mulheres. A voz em off de Joan Bennett em *O segredo da porta fechada* (*Secret Beyond the Door*, 1947), de Fritz Lang, intervém no interior das cenas para melhor aproximar o espectador do batimento irregular de seus pensamentos. Bem no início do filme, seu personagem, Celia, conhece o futuro marido num encontro arrebatador, no México. Sentados em um bar, os dois personagens se falam pela primeira vez. Ele está encantado. Diz-lhe o que vê nela, o que seu rosto lhe inspira: a calma antes da tempestade. Um longo monólogo cheio de imagens, de ciclones, de trovoadas. No meio de seu voo meteorológico, a voz em off de Celia toma a vez e cobre a voz dele, que continua a falar: «I heard his voice and then I didn't hear it anymore. Because the beating of my blood was louder. [...] And for an endless moment I seemed to float. Like a feather blown to a place where time had stopped».[8] Seduzida porém indócil, Celia ouve outra coisa que não o discurso grandiloquente de seu parceiro. É da batida de seu coração que ela fala. Durante todo o filme, o jogo da voz em off consiste em aparecer e desaparecer, ponto de ligação com os pensamentos profundos da jovem mulher.

8. «Eu ouvi sua voz e então deixei de ouvi-la. A pulsação de meu sangue a recobria. [...] E por um tempo que me pareceu infinito eu tive a impressão de flutuar. Como uma pena soprada para um lugar em que o tempo houvesse parado». Extraído da voz off do filme.

Um batimento em eclipse. A voz em off produz variantes, hipóteses mais ou menos fecundas, relações novas que desafiam a narrativa das imagens. A personagem se liberta dos domínios da «cena» para que se ouça uma narrativa interior de uma amplitude rara: a voz em off de Joan Bennett em *O segredo da porta fechada* atravessa os afetos, as respirações, os murmúrios femininos pouco ouvidos no cinema naquela época.

///

As vozes de mulheres, na intermitência de suas aparições, são tomadas em diferentes *timings*, diferentes velocidades. Elas sabem reter, capturar, elas sabem interromper um fluxo. Mas esse jogo de on/off é também o de uma inquietação: o que dizer? Como dizer? Tomar a palavra revela as inadequações, os silêncios, a solidão e as hesitações.

///

«Naquela primavera», escreve Debora Levy em um dos volumes do que ela chama de sua «autobiografia em curso» (*living autobiography*), «quando a vida era muito dura e eu estava em guerra com meu próprio destino e não via mais aonde tudo aquilo poderia levar, eu me punha facilmente a chorar — sobretudo nas escadas rolantes das estações de trem. Tudo bem descer, mas quando eu ficava de pé e era carregada para cima, eu desabava. Aparentemente do nada as lágrimas brotavam e quando eu chegava no alto e sentia o vento soprando, eu fazia o máximo de esforço para parar de soluçar. Era como se o tempo de a escada rolante me carregar para frente e para cima fosse a expressão física de uma conversa que eu tinha comigo mesma. As escadas rolantes, que no momento de sua invenção eram chamadas de 'escadas viajantes' ou 'escadas mágicas', haviam sido convertidas misteriosamente em zonas de perigo.»[9]

///

Na sala de espera da minha psicanalista, há uma maioria de mulheres com seus cafés, telefones, computadores, livros, cadernos em que escrevem muito enquanto esperam. A espera pode ser longa. A gente se observa, algumas conversam em voz baixa, muitas olham para o vazio. O clima é caloroso, embora estejamos todas

9.   Deborah Levy, *Things I Don't Want to Know*. Londres: Penguin Books, 2013, pp. 1-2.

globalmente imersas no silêncio. Vejo-nos como esportistas, concentradas, autoconscientes, mudas, nos blocos de partida, prontas para começar a falar uma vez atravessada a porta do consultório. Às vezes um gato cinza junta-se a nós. Ele se estica sobre o aquecedor e nos contempla, como se indagasse o que todas aquelas mulheres estariam fazendo ali.

///

Desde *Les Goddesses* (2011), os filmes da artista Moyra Davey, como *Notes on Blue* (2015), possuem uma voz em off peculiar: escrita e em seguida pré-gravada pela artista, ela é falada novamente no momento da filmagem, com a ajuda de um fone de ouvido ligado a seu telefone, que ela segura na mão. Ela conta que antes de colocar em prática esse método tinha tentado memorizar todo o texto. Precisou de três anos para realizar um primeiro filme. Trabalhoso demais. Foi primeiro uma escolha prática, que evita que precise decorar tanta coisa. Daí ela se apega ao método: o resultado é estranho, ambíguo, ofegante. Ela começa a gostar do lado acrobático da empreitada, pois emperra regularmente em algumas palavras (as suas) ditas por sua própria voz, erra, volta para o começo. Os filmes de Moyra Davey se apoiam sobre um percurso acidentado. Seus textos atravessam as leituras, os filmes, as lembranças, as épocas, as viagens — frequentemente sem transição. O fluxo de sua voz, sempre muito concentrada, aparelhada, mas que erra, impede uma visão fluida de seus filmes. Protegida, ansiosa, a artista anda de um lado para o outro em seu apartamento, que é também seu ateliê, sua torre de controle. Seu trabalho equivale a uma forma de récita, de repetição ativa, um pouco vertiginosa, em que ela interpreta e reinterpreta seu próprio papel. O uso que ela faz de sua voz me interessa: uma técnica cujas falhas ela parece comemorar com orgulho.

///

A voz de Winona Ryder inicia o filme *Caindo na real* (*Reality Bites,* 1994), que vi e revi quando era adolescente. Ela é clara, límpida, acompanhada de um ligeiro eco. Enquanto os primeiros elementos dos créditos são inscritos sobre um fundo azul, ainda não se sabe de onde ela vem. Imagens aparecem, filmadas com câmera na mão. Vê-se um grupo de amigos, vestidos para uma formatura. Eles fazem sinais para a câmera. Os nomes dos atores são inscritos ao mesmo tempo na tela. A sequência continua em um estádio. Há uma multidão de gente. Entre os rostos anônimos, a câmera isola aquela que fala: «E eles se perguntam por que aos vinte anos não se tem mesmo vontade de trabalhar oitenta horas por semana apenas para poder pagar suas BMWs... Por que a contracultura que eles inventaram nos interessa ainda menos quando os vemos estripar sua revolução em troca de um par de tênis? Então a questão agora é a seguinte: o que vamos poder fazer? Será que poderemos consertar todos os estragos que herdamos? Caros estudantes diplomados, a resposta é simples. A resposta é... A resposta é... Eu não sei.» O título original do filme, *Reality Bites*, é inscrito sobre o rosto de Winona Ryder, que usa o famoso chapéu quadrado com pompom. Ela procura em suas anotações a resposta à questão que escolheu abordar no discurso altamente simbólico para o fim dos estudos. Compreende-se que a página se perdeu, que essa pergunta permanecerá sem resposta. Ainda assim, ela é aplaudida. Ela sorri, embaraçada. A música começa. Nós a reencontramos na sequência seguinte com seus amigos, um pouco embriagados, comendo pizza na cobertura de um prédio. A câmera ultramóvel (a sua — ela grava um documentário sobre a vida deles, e cada um, em sua vez, segurará a câmera) vai segui-los durante todo o filme. O filme, portanto, se inicia com o fim dos estudos, logo antes do grande salto no início da vida «de verdade». A incerteza que interrompeu o discurso da heroína torna-se a ideia fixa das imagens que a jovem mulher filma e filmará.

///

Em seu livro *Death 24x a Second*,[10] Laura Mulvey se interessa pela tecnologia do que ela chama de «delayed», possibilitada pela desaceleração das imagens — em especial quando o DVD faz sua aparição na esfera doméstica de nossa relação com o cinema. Detalhes até então adormecidos, à espera de serem revelados, chegam enfim até nós graças à câmera lenta, ao congelamento da imagem. Uma outra relação com o cinema se estabelece. Mulvey vê surgir daí uma ambivalência, uma impureza, uma incerteza que desloca as oposições tradicionais. Esse «cinema ralentado» se associa, para mim, a essas intermitências tão femininas de aparição e desaparecimento.

///

Por algumas semanas, mergulho naquilo que a literatura norte-americana acabou por chamar de «Quit-Lit»:

10. Laura Mulvey, *Death 24x a Second. Stillness and the Moving Image*. Londres: Reaktion Books, 2006.

textos que se encarregam de narrativas de demissão, de parada repentina, de interrupção. Debruçada sobre a vida acadêmica norte-americana, de que faz um retrato assustador, essa literatura reúne aqueles que não podem mais, não conseguem mais produzir, renunciam aos postos, às promessas de progressão. A interrupção então é bastante real, e o sofrimento também. Esses textos impõem um desvio da «deliverology»: a necessidade de fornecer resultados. A pesquisadora Francesca Coin escreve: «Pedir demissão pode ser entendido como um processo de revolta e autopreservação. A subjetividade não se define mais pelos valores do neoliberalismo: a demissão revela certa lealdade a outros valores e princípios. Para um número crescente de acadêmicos, o descompasso interno entre os desejos profundos e suas obrigações encontra uma forma de resolução na audácia que lhes leva a preferir o risco do desemprego à traição da própria dignidade. Nesse caso, pedir demissão equivale a encontrar sua própria voz».[11]

Fico fascinada por essas histórias. Tenho a impressão de que enunciam aquilo de que não se fala muito, sobretudo no meio acadêmico: a vontade de fazer outra coisa, de recomeçar do zero. Se ao meu redor muitas amigas me

---

11.   Francesca Coin, «On Quitting». In *Ephemera: Theory & Politics in Organization*, «The Labour of Academia», v. 17, n. 3, p. 715.

contam de seus desejos de demissão, não conheço nenhuma que tenha de fato conseguido ir embora. Eu me pergunto como se fabricam vidas alternativas — quero dizer, de outro modo que não apenas em nossas cabeças.

///

Em Bordeaux, convidamos a poeta Lisa Robertson para um workshop. Na sessão de introdução, ela nos explica que para escrever e publicar é preciso partir de onde se está, que em geral se julga muito severamente esse lugar, apesar de ser o lugar de nossas vidas cotidianas, de onde se vem retirar matéria-prima. Ela fala de insegurança e de doçura na relação que devemos tentar estabelecer com a escrita e a leitura. Não sei como os estudantes ouvem o que ela fala, mas para mim essas palavras são salutares. É Lisa que me fala de Denise Riley — filósofa, poeta, feminista inglesa nascida em 1948. Em 1988, Denise Riley publica um ensaio polêmico, *Am I That Name? Feminism and the Category of 'Women' In History*, em que expõe muito delicadamente essa zona de indeterminação que, de acordo com ela, caracteriza a própria categoria de «mulher». Três grandes questões organizam sua enquete: «When am I a woman?» [Quando sou uma mulher?], «What do 'women' mean, and when?» [O que quer dizer «mulheres», e quando?] e «What can 'women' do?» [O que as «mulheres» podem fazer?]. Ela mesma reconhece que a dificuldade de caracterizar as «mulheres» pode produzir certa ansiedade. É porém toda a força de seu texto de 1988 — assumir o que é impreciso: «Igualdade; diferença; 'diferente porém igual', a história do feminismo desde os anos 1790 ziguezagueou e se infletiu através dessas oposições incompletas sobre as quais essa história se construiu por si só, de maneira muito precária. Esse movimento de balanço não deve causar surpresa nem desespero. Se o feminismo oferece às mulheres a possibilidade de falar a partir de seu ponto de vista de mulheres, então ele só pode refletir todas as ambiguidades dessa categoria. Esse efeito de espelho permite reduzir as feridas e o mistério das oscilações incessantes do feminismo e nos autoriza a predizer suas futuras encarnações».[12] As palavras de Lisa e as de Denise se confundem em meu espírito: o cotidiano de uma mulher pode ser o ponto de partida para todas as reflexões que ela deseje conduzir. Isso não simplifica nem esse cotidiano, nem o fato de ser uma mulher.

12. Denise Riley, *Am I That Name? Feminism and the Category of 'Women' in History*. Minneapolis: University of Minnesota Press, 1988, p. 112 [tradução para o português a partir da versão francesa de C.S.].

///

Às vezes, as próprias identidades são interrompidas, hesitam, passam de um regime — de um gênero — a outro, regressam ao ponto de partida. Esse vaivém pode ser pesado ou, ao contrário, leve. Ele se mostra através de detalhes, texturas, hábitos que se modificam mesmo sem que percebamos — certas atividades nos conduzem a gestos, roupas, reflexos que um dia se impõem a nós. É o que conta a cineasta Jill Soloway em 2014, numa entrevista a Terry Gross sobre a série que ela criou, *Transparent,* que conta a vida de uma família em Los Angeles quando os filhos descobrem que o pai é transgênero. Terry Gross comanda o programa de rádio *Fresh Air* desde meados dos anos 1970. Considerada uma campeã da entrevista, tem uma voz que fascina os ouvintes há anos. Seus convidados parecem sempre conhecê-la muito bem e a consequente familiaridade colore o programa de uma maneira bastante singular. Ouço Jill Soloway responder às perguntas de Terry Gross durante uma de minhas viagens de trem. Ela relembra os diferentes estilos de roupa que vestiu em sua vida e o que eles dizem sobre suas próprias hesitações: «Hoje digamos que estou vestida como um garoto. Em outros momentos, tenho uma aparência mais feminina, ponho maquiagem, cuido do meu penteado, fico bem mulher. Lutei com isso por toda a minha vida: buscar um tipo de neutralidade de gênero. Me sinto mais confortável como pessoa criativa se me visto como um garoto. Então, quando faço comédia, quando escrevo, quando trabalho, gosto de usar um jeans, uma camiseta, nada de maquiagem. Me sentir masculina me permite me concentrar no que faço. Coloco o trabalho no primeiro plano, ainda que seja bizarro falar desse jeito. Envio um sinal que diz: 'Não preciso que olhem para mim, não preciso ser julgada, não preciso ser bonita' — isso me deixa mais criativa. Essa frase é fascinante. Em seguida, quando preciso ser fotografada, ser vista, quando devo encarnar 'Jill Soloway, a *showrunner*', passo a detestar minha aparência. Preciso então que me façam penteado, maquiagem. Então pareço com alguém que não sou. Enquanto mulher, enquanto feminista, não paro de lutar contra a dose de 'fem' que quero adotar, contra essa ideia de ser bonita. Alguns anos atrás, antes que meus pais fizessem seu *coming-out*, lembro de ter desmanchado em lágrimas antes de uma cerimônia de premiação da HBO porque eu detestava as roupas que vestia mas me sentia na obrigação de usá-las: meia--calça, sutiã, tudo o que faz parte do vestir-se como uma mulher. Conheço várias mulheres que têm a impressão de se transformarem em drag quando se montam».[13]

///

Essas vozes expõem capacidades de ajuste que levam em conta as intermitências. Assim, as primeiras figuras femininas que reúno integram a hesitação, o fracasso, às vezes inclusive seu próprio desejo de desaparecer. As tramoias são mais numerosas que as vias retilíneas.

///

Esses ajustes são apaixonantes quando se tornam métodos conscientes de vida e de trabalho, quando os desvios são assumidos como narrativas por inteiro. Trata-se sempre de demolir a autoridade patriarcal que está à espreita, por perto. Assim, somente as mulheres podem implementar tais desvios, situações de um tal adiamento — e contá-las. A filósofa Avital Ronell evoca em uma entrevista suas maneiras de escrever e de trabalhar:

13. «Funny, Dirty, Sad: The 'Holy Trinity' for 'Transparent' Creator Jill Soloway», *Fresh Air*, 30 out. 2014 [tradução para o português a partir de versão francesa de C.S.].

«Acredito que tenho uma relação com as coisas que assombram a autoridade, ainda que seja uma autoridade desprezível, pouco questionada, e que essas coisas não tenham legitimidade, poder, potência. Vou em direção ao que fala de uma fraqueza e não de uma espécie de musculação viril. Adapto meus procedimentos ao objeto que me interessa. Penso, por exemplo: 'Agora vou ser uma detetive; há um crime, há mistérios, indícios'. Para me dar coragem, pego um papel: às vezes sou a secretária do fantasma, fico ali com meus chicletes, penso em outra coisa, pergunto-me a que horas posso ir embora, e ao mesmo tempo escuto, ouço um ditado, uma maneira de me submeter a uma autoridade, e ao mesmo tempo isso não me interessa, não ganho o suficiente para me realizar demais com isso. Esse desinteresse é uma pose que me ajuda a ficar perto do que permanece recuado».[14]

/ / /

Em uma passagem de sua obra sobre Emily Dickinson, Susan Howe opõe às «vozes masculinas repletas de certeza» a hesitação — como um motor paradoxal,

14. Jérôme Lèbre, Laure Vermeersch e Lise Wajeman, «Qui est à l'appareil? Entretien avec Avital Ronell». *Vacarme*, n. 53, 8 nov. 2010, pp. 4-12.

singularmente feminino: «HESITAR, do latim, que significa colar. Gaguejar. Reter-se na dúvida, ter dificuldade para falar».[15] A hesitação vem assim da palavra, da oralidade. Existiria um meio de hesitar na escrita?

///

«Cessemos de nos sentir angustiadas pelo caráter indeterminado, mesmo impossível, da categoria 'mulheres'», escreve Denise Riley ao final de seu texto. «O feminismo abraça inteiramente as fragilidades e estranhezas ligadas a essa categoria. Isso exige, às vezes, estarmos prontas para pôr em pedaços essas 'mulheres' — e desenvolver rapidez, artimanha, adaptabilidade. As temporalidades das 'mulheres' são como o meio-termo que falta à lógica aristotélica: se é impossível ser completamente uma mulher, é também impossível não sê-lo. O feminismo deve erguer-se sobre essa areia movediça e se deixar flutuar».[16]

---

15. Susan Howe, *My Emily Dickinson*. Berkeley: North Atlantic Books, 1985, p. 21.

16. Denise Riley, op.cit., pp. 113-14 [tradução para o português a partir da versão francesa de C.S.].

Tais motivos — interrupção, intermitência, on/off — ocultam a ideia de que com frequência os acontecimentos, as sensações e as definições se sobrepõem.

/ / /

Em novembro de 2014, mando um e-mail a minhas amigas para que me ajudem a encaixotar as coisas do apartamento que preciso agora desocupar — já faz dois meses que não durmo ali. Elas vieram todas, num sábado, minhas irmãs também, e juntas triamos, separamos as coisas. A grande faxina — elas me designam objetos, roupas, louça, e, ainda que atordoada no fundo do sofá, vou dizendo: «Isso é meu, isso é dele». Às vezes não consigo atribuir-me uma coisa ou outra, então elas decidem por mim. Mais ou menos no mesmo momento, encontro no Beaubourg um italiano que aperta minha mão muito seriamente quando se apresenta. Ele se chama Enrico. Vamos beber algo uma noite. Passo no apartamento cheio de caixas, mergulhado na escuridão, logo antes de encontrá-lo. Quero que essa passagem dure o mínimo possível, tenho fones nos ouvidos. Uma canção se substitui à outra e danço sozinha no meio das caixas. Nem sempre é possível triar. A vida mistura, empilha os momentos, as vozes.

«A ideia de cantar para você me enrubesceu antecipadamente de apreensão, apreensão de cuidar de ter uma pronúncia clara! Como se não fosse nada! O máximo que consigo é produzir um som se não precisar me preocupar com a dicção. E você, como você pronuncia de verdade o texto tão distintamente? É sério, você não faz ideia de como minha voz está enferrujada; faz dois anos que praticamente não canto.»

Clara Schumann
Carta a Robert, 22 de março de 1840.[17]

---

17. Clara e Robert Schumann, *Briefwechsel. Kritische Gesamtausgabe.* Org. Eva Weissseiler. Frankfurt: Stroemfeld. Roter Stern, 1987, III, p. 998 [tradução para o português a partir da versão francesa de Georges Starobinski, citada em Georges Starobinski, «Premières voix du lied schumannien». In: *Retour d'y voir. Une scène romande.* Genebra: Mamco, 2013, p. 896].

2. RESPIRAÇÃO

Evitar morrer

Não respiro o suficiente. Apenas o necessário: um fio de ar. Minúsculo, estreito, avaro, que quase não ventila meu corpo. Segundo minha fisioterapeuta, isso não se chama «respirar». Passo de fato uma grande parte de meu tempo em apneia. Meu ventre, meu tórax e meu peito ficam paralisados. Eles esperam uma quantidade de ar que, quando finalmente chega, alimenta apenas uma parte desprezível deles. Assim, regiões inteiras do meu corpo não são oxigenadas decentemente. Encontrei um jeito, sozinha, de racionar a mim mesma algo que posso pegar a qualquer momento. Estou convencida de que essa restrição tem incidências em todo o resto. Pesquisando o que restringe ou favorece o fôlego, penso que serei levada a considerar as vozes de outra maneira — o que as alimenta ou, ao contrário, o que lhes falta. Interesso-me pelas qualidades do ar contido nos objetos e nas vozes que reúno.

///

Na casa de Solenn, na montanha, fotografo com meu telefone as recomendações de sua naturopata relativas a respirações. Está escrito que é possível viver de 40 a 75 dias no máximo sem comer, de 4 a 7 dias sem beber e somente de 4 a 5 minutos sem respirar. Decido mudar meus hábitos, baixo em meu telefone o aplicativo *Respirelax. Gestion du stress.* Uma pequena bolha de ar sobe e desce para indicar os momentos de inspiração e expiração.

///

Em 1848, em uma carta, Charlotte Brontë dá seu parecer sobre *Orgulho e preconceito*, de Jane Austen, publicado trinta anos antes. Ela descreve a obra como «um jardim cuidadosamente cercado, muito bem cultivado, com contornos claros e flores delicadas; mas sem o menor vislumbre de uma fisionomia luminosa ou vivaz, nenhuma paisagem aberta, nada de ar fresco, de colina azulada ou de um belo riacho. Eu não gostaria nem um pouco de viver com as mulheres e os homens que ela descreve, em suas casas elegantes mas confinadas».[18] Em suma, ela acha que o romance carece de ar, de fôlego, de amplitude.

///

Num ano em Bordeaux, propus uma disciplina que intitulei «(Re)tomar o fôlego». Para concluí-la, eu havia isolado uma sequência do filme de James Cameron, *O segredo do abismo* (*The Abyss*, 1989). É o momento em que o casal formado por Ed Harris e Mary Elizabeth Mastrantonio fica preso em um minúsculo submarino no fundo do mar que se enche progressivamente de água. A água está gelada. Ela vê apenas uma solução: afogar-se voluntariamente, colocar-se em hipotermia. «Meu organismo vai desacelerar. Ele não vai parar», diz ela. Ele é um nadador muito melhor que ela. Colocará o único escafandro que eles têm à disposição e trará seu corpo até a plataforma petrolífera onde está o resto da tripulação. Ele a reanimará. Como o restante do filme, a sequência é banhada por uma cor azul-piscina. A personagem feminina acaba por retornar dos mortos depois de uma

18. Sonjung Cho, *An Ethics of Becoming: Configurations of Feminine Subjectivity in Jane Austen, Charlotte Brontë and George Eliot*. Nova York: Routledge, 2006, p. 99.

angustiante sessão de reanimação durante a qual Ed Harris, completamente desamparado, grita para a jovem mulher: «Breathe!» e «Fight!».

///

Em um texto dedicado a Zelda Fitzgerald, a escritora Elizabeth Hardwick transcreve uma frase de Scott. Percebe-se nela suas queixas com relação a Zelda, que ele julga dependente demais dele. Ela viveria como «em uma estufa — a de meu dinheiro, meu nome e meu amor... Ela utiliza a estufa para se proteger, para nutrir cada broto de seu talento e exibi-lo — mas ao mesmo tempo não sente nenhuma responsabilidade com relação à estufa, ela sente que pode a qualquer momento esticar o braço e quebrar um pedaço de vidro do teto, embora seja astuta o bastante para encolher-se quando abro a porta da estufa e lhe peço para se comportar bem ou ir embora».[19] A citação, a violência dessa autoridade masculina que se exerce com uma segurança tranquila, permanece por muito tempo em minha cabeça. Penso em Zelda prisioneira na estufa: conservada, sufocada. Começo um trançado entre

19. Elizabeth Hardwick, *Seduction and Betrayal. Women and Literature* (1970). Nova York: The New York Review of Books, 2001, p. 94.

feminilidade, impotência discursiva e confinamento. A estufa me oferece um meio de representar as circulações do ar, sejam elas boas ou más.

///

No coração do quadro de Manet *Dans la serre* (1879) encontra-se uma mulher com espartilho, cinto, pulseira e luva, cercada. Sentada em um banco, ela olha para o vazio. A seu redor, a vegetação invade o espaço. Contida pela e na imagem, ela está em pleno devaneio, com o olhar flutuante. As mulheres e as plantas verdes — usamos a palavra «muda» para nos referirmos a umas e outras. Os cachepôs e vasos de flores que povoam o quadro sustentam o sentimento de aprisionamento. São instrumentos de uma domesticação que, diga-se de passagem, é derrisória frente à vegetação vigorosa que, literalmente, começa a recobrir os personagens. Essa pressão tinge também o silêncio que pesa sobre a tela, a comunicação impossível com o personagem masculino curvado para frente em direção à jovem mulher.

///

Em setembro de 2014, Thomas e eu propomos em Bordeaux um programa de pesquisa, *Modern Lovers,* destinado aos estudantes de pós-graduação. As primeiras formulações do projeto são vagas: temos vontade de falar de sentimentos, da importância das colaborações, das relações afetivas, de atmosferas. Queremos também saber como conferir a nosso ensino um fôlego um pouco mais novo: a escola atravessa turbulências, decepções, não sabemos mais o que ainda vale a pena contar. Temos a sensação de que é preciso abrir a escola para o exterior, que sem isso os gestos, as vontades e os projetos se comprimem e nós nos sentimos sufocados. *Modern Lovers* nos ocupará por três anos. Em nossas discussões iniciais, o vocabulário climático domina e a expressão «corrente de ar» retorna frequentemente: «Este programa de pesquisa propõe uma hipótese: em uma época caracterizada por uma forma de depressão — depressão política e social, sem dúvida, mas depressão no âmbito do campo da arte talvez em igual medida —, o vocabulário do 'clima' serve a definir novas posições e atitudes críticas e artísticas, a conceber agenciamentos diferentes, uma micropolítica moderna. 'Perturbações', 'sentimento', 'atmosfera', 'temperatura', 'humor': esse vocabulário desvela uma dinâmica paradoxal e inédita que situa as coisas mais capitais e vitais em uma natureza difusa, imprecisa. [...] Qual é a verdadeira questão deste projeto? Seguir uma intuição: essa renovação (semântica, crítica, metodológica), ao conseguir apreender climaticamente a situação contemporânea, nos ajudaria a pensar de outra maneira as cisões entre destino individual e projeto, ou engajamento, coletivo. A atenção às correntes de vento que se deslocam entre o ateliê e o que está fora, as salas de exposição, as revistas, a música, permite desfazer o campo artístico das questões de individuação para acreditar antes de mais nada na partilha das sensibilidades e no estabelecimento do comum». O projeto nos alegra muito. Ele nos permite reunir leituras, filmes, ideias e sobretudo experiências vividas. Depois de um primeiro ano de lançamento durante o qual tentamos manter um seminário regular, com convidados, apresentações, discussões — que encontram muito pouco entusiasmo —, decidimos, para o ano seguinte, conferir ao projeto uma ancoragem longínqua, para que continue sendo alimentado. Escolhemos Atenas porque a Grécia está, naquele momento, no coração de todas as discussões, porque a documenta[20] está em fase

20. A documenta é considerada a maior manifestação de arte contemporânea do mundo. Ela tem lugar a cada cinco anos. Em 2017, excepcionalmente, os organizadores decidiram que ela ocorreria ao mesmo tempo em Kassel, sua sede histórica, e em Atenas, que vivia então uma crise econômica, social e política sem precedentes.

de preparação e porque temos a impressão de que algo acontece ali e que talvez se respire ali um ar diferente.

///

Olho para o quadro de Manet enquanto escrevo um texto sobre um filme da cineasta originária da Malásia Tan Chui Mui, *A Tree in Tanjun Malim* (2004). Uma garota retorna àquela que imaginamos ser sua cidade natal, em busca de um homem mais velho que ela. Eles passam uma noite juntos. Conversam um pouco, cantam, caminham, observam os apartamentos iluminados. A ideia desse casal que não é exatamente um casal me havia conduzido ao quadro por causa da sedução um tanto velada que percorre o filme e dos seus silêncios pesados, embaraçados. A garota está prestes a comemorar seu aniversário de dezoito anos e o personagem masculino (nos créditos ele é chamado «beautiful loser») oferece-lhe, bem no fim do filme, o livro de George Eliot, *Middlemarch*. Em meu texto eu havia esquecido completamente desse presente e de sua importância. Eu ainda não tinha lido *Middlemarch,* o que fiz depois. O romance se passa em uma pequena cidade do interior da Inglaterra, no início do século XIX. Vários destinos de mulheres cruzam-se ali. Cada uma delas tenta seguir suas intuições, tenta abrir a janela certa, em um mundo que parece terrivelmente estreito. O romance confere um lugar importante à ideia de fracasso, de más escolhas — por exemplo no que diz respeito ao casamento. Vários personagens erram. A união que consentem ou à qual aspiram repousa sobre um profundo mal-entendido. No filme de Tan Chui Mui, os personagens tentam estar a dois, tentam ser um casal, mas apesar do desejo algo emperra, e isso parece insuperável. Assim, o filme parece um encontro fracassado em que os silêncios são particularmente perceptíveis porque carregam consigo as decepções dos personagens. «It's my misfortune to have met you», diz o loser mais para o fim do filme. «The misfortune is all mine», responde-lhe a garota.

///

Há essa cena, em ... *E o vento levou* (*Gone with the Wind,* 1939), em que Scarlett, que acaba de ter um bebê, agarrada a uma coluna em seu quarto, pede a Mammy que aperte mais seu espartilho porque ela está tão gorda (20 polegadas) quanto tia Pitty. Ela quer voltar às 18,5 polegadas que tinha antes do parto. Mammy deve explicar-lhe que ela nunca mais terá aquela cintura: «It ain't nothing to do about it». Olho para as tabelas de conversão. Em 2019, a menor circunferência de cintura (PPP) começa em

24 polegadas (59-63 cm). A cintura de Scarlett, depois do parto e antes da gravidez ainda menos, deixou de existir.

///

Eu me pergunto como as mulheres que usavam espartilho faziam para respirar. Reúno imagens que vêm da literatura, da pintura e do cinema em que as mulheres são expostas, conservadas — praticamente embalsamadas em dispositivos que as encerram (a estufa, o espartilho — diferentes molduras).[21] É claro, porém, que esses dispositivos são permanentemente contornados. Quando me debruço sobre os efeitos da respiração, sobre a função da expiração, compreendo que estou buscando como essas derivações ocorrem, quais circuitos elas empregam.

///

Os romances de Edith Wharton expõem um mundo hieroglífico em que a questão da escrita consiste em desfazer os nós, interpretar os sinais. Em *A época da*

---

21. Em francês, a palavra estufa (*serre*) tem o mesmo radical da palavra encerrar (*enserrer*), evidenciando o caráter de cerceamento comum à estufa e ao espartilho. [N. T.]

inocência (1920), as flores e as plantas são associadas às figuras femininas, a seu silêncio, a sua presença decorativa que se revela como o cimento de uma sociedade inteiramente congelada pelas convenções. Quando Martin Scorcese realiza a adaptação do romance, em 1993, ele confia a Elaine e Saul Bass o design das cartelas de créditos do filme. Num fundo negro, flores se abrem lentamente sobre transparências que misturam motivos de renda e de manuscritos. A proveniência literária é imediatamente feminizada. Mas o desabrochar das flores se acelera, revelando o pistilo da flor como um segredo que se entreabre e invade a tela — progressivamente menos doce ou romântica e mais perturbadora. O rito, o ritmo, a restrição escondida porém escravizante: a vida nova-iorquina descrita pelo livro e pelo filme raramente conferem às flores o tempo de desabrochar. As estufas, os jardins de inverno que povoam os interiores falam mais do artifício do que do florescer. Há algo de naturalista em Wharton, ou pelo menos de uma botânica — o possível fenecer (das flores, das plantas ou das mulheres) permanece como horizonte constante contra o qual se erguem diferentes artifícios de conservação.

///

Convidada a falar em um colóquio em Paris, tento reunir minhas reflexões sobre as estufas, as plantas, as vozes e os silêncios. Proponho como introdução os versos de um poema de Mathilde Wesendonck (a mulher de um dos mecenas de Wagner, por quem ele tinha grande afeição), «Im Treibhaus» (Na estufa, 1858). Esse poema faz parte dos *Wesendonck Lieder*, escritos para voz de mulher e piano solo — leio, aliás, que foi a única ocasião em que Wagner aceitou compor para textos que não tinha escrito ele mesmo. O texto é dirigido às plantas:

> Crianças de regiões distantes
> Digam-me, por que lamentam?
> Em silêncio vocês curvam seus galhos,
> traçam signos no ar,
> E como testemunha muda de seu sofrimento,
> um doce perfume se levanta.[22]

---

22. Mathilde Wesendonck, «Im Treibhaus» [Na estufa], terceiro canto das *Wesendonck Lieder* compostas por Richard Wagner entre 1857 e 1858, publicadas em 1862 com o título *Cinco poemas para voz de mulher com acompanhamento de piano* — sem que o nome da autora dos textos fosse mencionado. [Traduzido para o português a partir da versão francesa de Gustave Samazeuilh, em cotejo com o original, em alemão, N. T.]

Minha intervenção combinava filmes, textos, a imagem de um autorretrato de Lee Krasner perto de uma planta verde (*Selfportrait*, 1929) que olha para o espectador, um poema de Katherine Mansfield, fotos de Edith Wharton no jardim de sua propriedade de Pavillon Colombe em 1935. Descrevo essa atmosfera ligeiramente empertigada e embaçada da estufa perto da qual, com frequência, encontram-se mulheres. Quando retomei esse conjunto para uma sessão destinada aos estudantes de Bordeaux, acrescentei a sequência de *Minority Report* (2002), filme de Steven Spielberg, em que Tom Cruise interroga uma das fundadoras da empresa Precrime, Iris Hineman, uma mulher agora mais velha que o recebe em uma estufa de uma luxúria louca, repleta de plantas vorazes. Ela confirma que entre os três *precogs* capazes de ler o futuro, um pode efetivamente fazer uma previsão discordante, não compatível com a dos outros, razão pela qual é preciso fazer com que esse embaraçoso «relatório minoritário» desapareça.

> Dr. Iris Hineman: — Vá procurar esse relatório minoritário.
>
> John Anderton: — Como saber qual dos *precogs* o possui?

— Ele está sempre contido no mais
talentoso dos três.

— Qual, então?

— A garota.

///

Agora sou planta, sou erva daninha,

Que se dobra e balança

Sobre uma rocha pontuda;

E agora sou uma grama seca

Que crepita feito fogo;

Sou junco;

Velha concha que canta

Para sempre a mesma coisa;

Um punhado de palha;

Uma pedra bem branca,

Um osso;

Até que eu volte

A ser areia de novo

E rodopie e voe

Pra lá e pra cá, pra lá e pra cá

Na beira do mar

Na claridade declinante...

Pois a claridade declina

Mas se você viesse não diria
que ela espera por mim,
que ela esqueceu. Não nos disfarçamos,
brincando, de erva daninha e pedra e grama
Enquanto os estranhos navios passavam
Delicadamente — solenemente —
   [deixando uma curva de espuma
Que se desfazia suavemente ao redor
   [de nossa ilha casa
Bolhas de espuma que brilhavam sobre a pedra
Feito arco-íris. Veja, querido! Não, elas partiram.
E as velas brancas se fundiram ao céu navegante...[23]

23.   Katherine Mansfield, «Now I am a plant, a weed» (1917). «Now, I am a plant, a weed,/ Bending and swinging/ On a rocky ledge/ And now I am a long brown grass/ Fluttering like flame/ I am a reed/ An old shell singing/ For ever the same/ A drift of sedge/ A white, white stone/ A bone/ Until I pass/ Into sand again,/ And spin and blow/ To and fro, to and fro,/ On the edge of the sea/ In the fading light.../ For the light fades./ But if you were to come you would not say/ She is not waiting here for me/ She has forgotten. Have we not in play/ Disguised ourselves as weed and stones and grass/ While the strange ships did pass/ Gently — gravely — leaving a curl of foam/ That uncurled softly about our island home/ Bubbles of foam that glittered on the stone/ Like rainbows. Look, darling! No they are gone./ And the white sails have melted into the sailing sky...». Ed. bras.: «Agora sou planta, sou erva...», trad. de Júlia C. Rodrigues, citado em citado em «Poesia, conto e pseudônimos: três poemas de Katherine Mansfield». *Mallarmargens,* fev. 2021. Disponível em: <http://www.mallarmargens.com/2021/02/mallarseries-nau-corsaria-poesia-conto.

Em *Daniel Deronda,* último romance de George Eliot, Gwendolen compreende apenas na véspera de seu trágico casamento a que ponto suas escolhas pouco pertencem a ela. Até então, ela vivera em um estado de inocência em que acreditava estar no comando de sua vida. Ela sente progressivamente que a estufa se fecha sobre ela. Em uma conversa com seu futuro esposo, ela tenta explicar seus sentimentos: «'Nós, as mulheres, nós não podemos partir em busca de aventura, para descobrir a passagem do noroeste ou a nascente do rio Nilo ou caçar tigres no Oriente. Devemos permanecer ali onde crescemos, ou ir para onde os jardineiros queiram nos transplantar. Nós somos educadas como as flores, para parecermos tão belas quanto pudermos e para nos aborrecermos sem reclamar. É o que penso das plantas: elas estão sempre entediadas e é por isso que algumas delas tornam-se venenosas. O que você acha?' Gwendolen despejou isso nervosamente, desferindo pequenos golpes de chicote nos arbustos de rododentros em sua frente».[24]

---

html?q=Katherine+Mansfield>. A tradução foi ligeiramente modificada, num cotejo com o original e com a tradução para o francês de Anne Mounic, disponível em: <http://levurelitteraire.com/katherine-mansfield> [N. T.]

24. George Eliot, *Daniel Deronda* T. II (1876). Nova York: Knopf, 2000.

///

A escritora, poeta e crítica Quinn Latimer escreveu um texto sobre sua mãe em 2015, sete anos após sua morte, e o intitulou «My Mother, My Other: or, Some Sort of Influence». Naquele mesmo ano, conduzi uma série de entrevistas para a revista online do Museu do Jeu de Paume, reunindo artistas que tinham uma prática dupla — fílmica e de escrita. Eu havia nomeado a série «Emotional Technologies» e, de um conjunto de quase vinte artistas, Quinn aceitou responder a minhas questões. A última era: «A escrita, como o cinema, convoca ou reanima fantasmas. Quem ou o que te assombra?». Ela respondeu: «Minha mãe». Em seu texto, ela conta de onde vem sua relação tão vital com a leitura e os livros, referências quase exclusivamente femininas transmitidas por sua mãe: «Acho que fiz isso a vida toda: ler os livros que minha mãe lia, ver os filmes que ela via, experimentar as opiniões políticas que ela defendia ou encarnava. Sentir suas sensibilidades ganharem meu rosto. Como era sentir isso. Experimentar sua inteligência, sua seriedade, sua ambição, o espírito, a cólera, o sofrimento, o ceticismo, as manias, o ardor. Era uma verdadeira atitude. E, ao circular por suas atitudes e seus livros [...], comecei a encontrar entre as páginas escritas por essas mulheres, autoras de literatura ou críticas, uma gravidade que minha mãe havia ela própria buscado e adotado, experimentado e endossado. [...] Uma atitude que não vinha apenas de uma linhagem familiar ou genética. Havia algo mais».[25] Sua mãe era uma leitora compulsiva, tendo criado sozinha os filhos, à frente de uma livraria e depois de outra na Costa Oeste dos Estados Unidos, bipolar, alcoólatra, trabalhando como dava, mas sempre cercada de livros. Quinn portanto leu seguindo os passos de sua mãe, os mesmos livros, as mesmas páginas dobradas — influências, palavras passadas de uma à outra. Ela escreveu estar à procura de um «modelo genético»: uma genealogia, uma origem possível — essa questão, ela diz em inglês, está «rivering»: é um rio, uma torrente, um fluxo. «The rivering question of the literary daughter.» O texto de Quinn coloca assim a questão do modelo, do que se imita, do que se segue, que nos restringe e ao mesmo tempo lança pistas. Pode-se respirar o ar de outra pessoa? Para mim a questão da respiração conduz à questão da filiação no

25. Quinn Latimer, «My Mother, My Other: Or, Some Sort of Influence». In: Heman Chong, Christina Li, Mimi Brown (orgs), *Stationary 1*. Hong Kong: Spring Workshop, 2015, pp. 10-11.

sentido dos fios[26] invisíveis puxados entre os livros, que criam fluxos de ar.

///

Questiono-me sobre como fazer existirem os silêncios, como quando se transcreve uma entrevista, uma discussão. Os silêncios ou as hesitações são frequentes e a escrita tende a apagá-los — como se nunca tivessem existido. A jornalista e escritora Sheila Heiti trabalhou durante anos como editora de entrevistas da revista cultural *The Believer.* Em maio de 2018, em um podcast chamado *Long form,* em que escritores contam seus métodos de trabalho, ela explica como pensava essas entrevistas: como pequenas peças de teatro, com um tipo de arco narrativo que compreendia atos, pausas, seções — dando destaque para o fluxo mais natural da conversa. A edição de uma entrevista exige, de acordo com ela, muito de reescrita, de limpeza, de modo a se aproximar o máximo possível da maneira como a pessoa entrevistada pensa ou fala. Em 2013 Sheila Heti conduz uma entrevista com a escritora

---

26. Em francês, a palavra «fio», no plural, tem exatamente a mesma grafia de «filho» (*fils*). Há portanto um trocadilho no uso da palavra «filiação». [N. T.]

e crítica Chris Kraus no momento do lançamento de seu livro *Summer of Hate*. Extraio uma passagem dessa discussão sobre o silêncio das mulheres e os pretensos enigmas escondidos por detrás desse silêncio:

> Chris Kraus: Percebi nas pessoas jovens do mundo da arte essa atitude do cara branco ao mesmo tempo brilhante e desapegado. Absolutamente desapegado. É puro teatro, não? Isso esconde alguma coisa. Na verdade não há nenhum grande interesse nisso. Depois de algum tempo a gente cansa, não acha? Preferimos estar com pessoas que são o que são.
>
> Sheila Heti: As mulheres fizeram um pouco o mesmo jogo, você não acha? A garota supersilenciosa que não dizia nada e que tinha um mistério, isso funcionava muito bem com os homens. Não vejo mais muitas mulheres assim hoje em dia.
>
> C.K.: É verdade.
>
> S.H.: Mas elas existiam mesmo?
>
> C.K.: Mulheres que podiam permanecer completamente silenciosas? Claro que sim, mas isso devia ser combinado com uma beleza física de tirar o fôlego. E com uma dose de glamour. Não dava para ser uma garota cheia de espinhas ou um pouco angulosa e permanecer em silêncio. (Risos)

S.H.: Você vê isso nas garotas do mundo da arte hoje em dia? Uma beleza vazia?

C.K.: Não. Não nas garotas que eu encontro. Pelo contrário, elas me parecem todas bem abertas, vivazes, entusiasmadas.[27]

///

Uma amiga me conta da impressão que tem a cada vez que ouve a voz de sua analista, da rua, quando aperta o botão do interfone: «Já te abro», diz ela, invariavelmente.

///

Cerca de quinze alunos da Escola de Bordeaux foram viver em Atenas por seis meses. Encontramos estágios para eles em diferentes lugares, artísticos ou não; eles têm uma bolsa para viver e morar e nos mandam notícias regularmente. Thomas e eu passamos uma longa temporada por lá, em abril de 2017. Programamos muitos encontros com artistas, performances e visitas a ateliês, mas a temporada

---

27. Sheila Heti, «An Interview with Chris Kraus». *The Believer*, n. 101, 1º set. 2013. Disponível em: <https://thebeliever.net/an-interview-with-chris-kraus/>.

é sobretudo marcada pelas discussões, dentro do grupo ou com amigos gregos, sobre essas famosas «correntes de ar» que nos obcecam. Nossa necessidade de mudança encontra em Atenas algumas respostas — ali, as complexidades e as incertezas não são escamoteadas como na França. Tenho uma lembrança especialmente intensa dessas conversas sobre as eleições presidenciais na França, que se aproximavam naquele momento: as questões políticas se inserem em toda parte. Dentre os encontros atenienses, está o que temos com a artista Georgia Sagri, para um workshop no bairro de Kerameikos, em um apartamento-ateliê que nos emprestaram para aquela ocasião. Ela nos coloca em círculo, sentados sobre tapetes ou cobertas que ela havia pedido que levássemos. O espaço tem muita luz, chegamos de manhã cedo. Tiramos nossos sapatos. É um dia de roda grande, muitos estudantes estão presentes. O workshop consiste em aprender a respirar. Georgia retoma exercícios que ela conhece bem: ela chama de *training a score*, uma partitura — é o que ela pratica sozinha há dez anos. Esse *training* também está no coração da performance que ela propõe para a documenta. Sobre esse projeto, intitulado *Dynamis,* ela explica em uma entrevista: «Na maior parte do tempo, tentamos imitar. E assim educamos nosso corpo e nossas capacidades. Mas cada pessoa tem suas próprias restrições de existência e de experiência.

Considero então o treinamento como uma maneira de se despojar da ideia de domínio — imitar alguém — para adquirir progressivamente para cada um qualidades únicas e singulares: é assim que se cuida de si mesmo. Acredito que é isso que está na base da performance ou de qualquer *medium* que utiliza o corpo como material».[28] Sentados em círculo, começamos a contar e nossa respiração é progressivamente ritmada por essa enumeração. Uma inspiração e uma expiração mais ou menos longas. Gestos são acrescentados pouco a pouco. Georgia passa atrás de nós, corrige-nos ou se instala no meio do círculo para dar indicações. Sua voz, bem diretiva, às vezes cortante, organiza essa sessão que dura o dia inteiro. Ela explica que, se aprendermos a respirar corretamente, não quebraremos a cara do mesmo jeito: sabemos cair melhor, aprendemos a não ter mais dor. «We learn how to fall and not get hurt». A respiração é uma ferramenta que deve nos deixar mais sólidos. Respirar é fruto de uma decisão, ensina Georgia, mas ela diz também que sem fôlego, nem ar, ficamos ainda mais submetidos a nossos medos e nossas inquietudes.

28. Georgia Sagri em entrevista a Ross Simonini, *Art Review*, dez. 2017. Disponível em: <https://artreview.com/ar-december-2017-feature-simonini-georgia-sagri/>.

///

A artista Tacita Dean escreveu um texto sobre o pintor Cy Twombly em que evoca sua obsessão pela Grécia Antiga. Ela narra uma lembrança: uma viagem a Delfos, em um intercâmbio universitário, na primavera de 1987 — ela tem 22 anos. Sozinha na montanha, ela sente que uma tempestade se aproxima. Vê o céu mudar de aspecto, os pássaros inquietos, o vento soprando. Protegida sob um rochedo, ela vivencia um medo imenso, um pânico. Ela encontra Twombly por intermédio de Pan, um dos personagens da Antiguidade que são fetiche para o pintor: «Pan é esse deus da natureza, com chifre e farta cabeleira, meio bode, que encarna o espírito da paisagem e o elã que ela suscita em nós. Do sentimento de alarme que nos toma quando estamos sozinhos na floresta ou na montanha, dessa angústia avassaladora que não tem fundamento, desse sentimento que mistura exuberância e temor, diz-se que se deve à presença de Pan ao nosso lado: uma presença furiosa, frenética, capaz de inspirar o medo a que ele deu seu nome, de pânico».[29]

29. Tacita Dean, «Panégyrique». In: *Écrits choisis 1992-2011*. Estrasburgo: Éditions de l'École Supérieure des Arts Décoratifs, trad. Anne Bertrand, 2011, p. 145.

///

Por 48 horas, o tempo de um fim de semana em que Enrico não está, convenço-me de que estou com taquicardia. Sinto que meu pulso se acelera, não consigo dormir. Almoço na casa dos meus pais no domingo. Mas, na volta para casa, passo em uma farmácia, para me tranquilizar, e tomam minha pressão. Estou com 124 batimentos por minuto. A farmacêutica me aconselha a chamar um médico. Como estava sozinha naquele fim de semana, Thomas vem esperar comigo. Não lhe digo que tenho certeza de estar morrendo. O médico faz um eletrocardiograma em meu quarto. Não há nada de anormal. Ele sugere prescrever-me um ansiolítico.

///

À noite, ao longo de uma estrada, uma mulher vestida com um casaco impermeável, descalça, corre. Ouve-se sua respiração irregular. Ela está fugindo de algo. O branco e preto da imagem faz com que apareçam marcas brancas sobre o solo e as luzes dos faróis que a cegam. Ela agita desesperadamente a mão, tenta encontrar um carro. Colocando-se no meio da pista, acaba por obrigar o motorista de um conversível a frear. O cara parece bem pouco receptivo ao que pode ter levado essa garota quase nua a correr no meio da noite na beira de uma estrada. Ela se senta ao lado dele. Os créditos do filme (*A morte num beijo/Kiss Me Deadly*, Robert Aldrich, 1955) surgem enquanto a respiração e os soluços da garota continuam, misturados a uma música açucarada de Nat King Cole, «Rather Have the Blues», que toca no rádio. Na imagem, a estrada, atrás do para-brisas, desfila.

///

«Tacita» quer dizer «silêncio». Em uma entrevista com Hans Ulrich Obrist, Tacita Dean conta que escreveu sua dissertação, na Slade School of Fine Art de Londres, onde estudava, sobre Cy Twombly e sobre o silêncio. Mais tarde, ela tentou fazer um programa de rádio sobre o silêncio. Gravou o som do silêncio logo antes de uma tempestade. Ainda que nunca tenha podido verificar essa informação, ela ouvira dizer que, no vocabulário náutico, a palavra «tácita» designa justamente esse instante preciso de antes da tempestade.

///

Quando o ar circula normalmente, a respiração e o fôlego oferecem ao corpo uma verticalidade que permite resolver, responder, decidir, tomar parte. Ser privado desses elementos equivale a correr o risco de engolir, de inalar o vapor da estufa. A estufa pode tomar muitas formas: coloco ali os livros, as heranças, os lugares de trabalho (encarar a Escola de Bordeaux como uma estufa talvez funcione) — elementos de nossas vidas que nos condicionam. Estranhamente, podemos levar um tempo enorme antes de perceber que de algum modo respiramos mal. Às vezes sem saber, evoluímos nos espaços, nos ambientes que comprimem o ar disponível. O medo de Scott — ver Zelda quebrar o telhado de vidro da estufa para sair dali — continua sendo legítimo.

/ / /

Um filme da artista Manon de Boer, *Dissonant* (2010), coloca em cena uma bailarina executando uma coreografia. O primeiro plano a enquadra bem de perto: vemos apenas seu rosto, que ouve três sonatas para violino de Eugène Ysaÿe, uma depois da outra. Seus olhos se fecham regularmente, ela se concentra, reencontra sensações, talvez lembranças. Compreendemos que ela está relembrando a música, verificando se a conhece. Em seu rosto podemos ler o reconhecimento — ela sorri ou aquiesce em reação ao que ouve — e compreendemos que ela já está dançando. A música é interrompida. O quadro se amplia. A bailarina se lança, sem música. Ela reproduz por seis vezes a mesma série de movimentos. No som, resta apenas sua respiração, que dá ritmo à sua coreografia. O tempo está suspenso. Seu fôlego a guia: vital, tenso, é ele que transmite a energia. Descubro esse filme em março de 2014 porque me pedem textos curtos sobre a artista para o festival *Printemps de Septembre*, em Toulouse. Converso por e-mail com Manon, faço perguntas sobre seu filme. Ele se baseia não apenas na repetição dos movimentos mas também em uma forma de exaustão: a coreografia não pode ser repetida perfeitamente por seis vezes. «As nuances que você vê não estão na coreografia», escreve-me Manon, «mas ocorrem por erro ou por causa de um esgotamento, pois a coreografia é muito física e difícil». «Por causa de um esgotamento»: a respiração, o fôlego nos munem, podemos aprender a dominá-los. No que diz respeito ao cansaço, a história é outra.

«Ela sorriu vagamente. Tinha talvez 30 ou 35 anos. O olho era castanho e o rosto, delicado. Seu sorriso vago revelou muito pouco de seus dentes, que eram pequenos e irregulares. Roucart avançava em sua direção, chamando-a de minha criança querida e ele tinha a voz paternal embora seus grandes olhos azuis percorressem sem cessar a silhueta esguia da jovem mulher, e ele estava bem surpreso de vê-la aqui, primeiro porque ela nunca caçava, depois porque ela tinha se despedido de todos ontem à tarde e ido de táxi para a estação.

— Que surpresa, que surpresa boa! Ele exclamou e ela tomou de suas mãos o calibre 16 e se virou para ele e antes que ele houvesse deixado de sorrir, ela esvaziou-lhe os dois cartuchos na pança.»

Jean-Patrick Manchette, *Fatale* (1977).[30]

---

30. Paris: Gallimard, 2014, pp. 11-12.

3. CANSAÇO

«Pálido e fraco ao lado do original»

Quando me encontrei com Katinka pela primeira vez, logo depois da vernissage de sua exposição na galeria Jocelyn Wolff em setembro de 2014, nós falamos do cansaço. Eu lhe perguntei o que, de acordo com ela, as pessoas querem dizer exatamente quando dizem que estão cansadas. Ela me explicou que, em alemão, o termo *müde* descreve um cansaço físico, que chama o sono, à noite. Concordávamos que isso não convinha à palavra francesa *fatigue*, que descreve outra coisa. Ela me disse que é para ela surpreendente, por exemplo, que pais possam dizer a seus filhos «você me cansa» [*Tu me fatigues*]. Essa discussão dá início a conversas regulares, a uma grande amizade e a uma colaboração que continua até hoje. Ela dá origem a um texto que escrevo sobre seu trabalho no qual desenvolvo essa ideia de cansaço, relacionando-a com os objetos que ela fabrica: «Uma parte do humor contido nos objetos de Katinka tem a ver com o fato de que eles parecem compartilhar nossa situação. Seu enfraquecimento [...] não é sem relação com o nosso. Esse 'cansaço' se distingue de um erro na fabricação. Ele depende mais da vida que cada um desses objetos leva, depois de estarem prontos, e que faz com que, às vezes, dobrem-se, torçam--se, esgarcem ligeiramente».[31]

Claro que falar de cansaço no caso dessas esculturas é o efeito de uma identificação: nós dividiríamos alguma coisa com esses objetos esgarçados, murchos, deformados. Essa projeção, essa empatia, caracterizam o cansaço: ele pode deixar marcas físicas — em nossos rostos, nossas vozes, nossos músculos — e é antes de mais nada um estado que se descreve em voz alta, que se formula, sobre o qual se deseja conversar.

/ / /

Acompanho no YouTube uma conferência da filósofa Judith Butler, «Vulnerability and Resistance». O que

---

31. Clara Schulmann, «Squirrels to the Nuts». In: Katinka Bock, *Zarba Lonsa*, Aubervilliers: Les Laboratoires d'Aubervilliers, 2015, pp. 17-18.

ela escreve em «Pode-se levar uma vida boa em uma vida ruim?» sobre a vulnerabilidade tinha permanecido em minha memória: «Somos, como corpos, vulneráveis a outros e a instituições, e essa vulnerabilidade constitui um aspecto da modalidade social através da qual os corpos persistem. A questão da *minha* ou da *sua* vulnerabilidade nos envolve em um problema político mais amplo de igualdade e desigualdade, já que a vulnerabilidade pode ser projetada e negada (categorias psicológicas), mas também explorada e manipulada (categorias sociais e econômicas) enquanto produz e naturaliza formas de desigualdade social».[32] A ideia de que os «corpos subsistem» apesar de ou sobretudo em circunstâncias precárias tinha sido marcante para mim. Procuro investigar essa ideia. A voz de Butler é doce, ela avança sem engasgar. Ela me conduz diretamente ao sono. Adormeço. No meu sonho, de que tenho uma lembrança fragmentada, caminho em câmera lenta em direção a um ponto de ônibus. Passo por um prédio que conheço bem, pois ele fica do outro lado do bulevar para onde dão minhas janelas. Nós

32. Judith Butler, «Pode-se levar uma vida boa em uma vida ruim?», Conferência do Prêmio Adorno. *Cadernos de Ética e Filosofia Política*, n. 33, 2018, pp. 213-29, trad. Aléxia Cruz Bretas. Publicado originalmente com o título «Can One Lead a Good Life in a Bad Life?» na revista *Radical Philosophy*, n. 176, nov./dez. 2012, pp. 9-18.

nos encaramos diariamente. É um prédio de esquina sem qualquer qualidade arquitetônica mas para o qual olhei tanto que o conheço nos mínimos detalhes. Em seus pés, há um café que frequento muito: Le Métro. Esse prédio me obstina porque tenho certeza de que está integralmente desocupado. Minhas insônias recentes confirmam: ninguém mora em nenhum dos seis andares. Acho isso um escândalo, mas não sei com quem falar. No sonho, tento chegar a esse ponto de ônibus mas meus passos são freados — como se esse prédio me aspirasse em direção a ele, obrigando-me a desacelerar.

///

I was tired of being a woman,
tired of the spoons and the pots,
tired of my mouth and my breasts,
tired of the cosmetics and the silks.
There were still men who sat at my table
Circled around the bowl I offered up.
The bowl was filled with purple grapes
And the flies hovered in for the scent

And even my father came with his white bone.
But I was tired of the gender of things.[33]

///

Sei, desde o início desta pesquisa, que quero falar de vozes cansadas. Sou atraída por essa palavra porque a utilizo muito e me pergunto o que ela quer dizer de verdade, e se no passado nós também a utilizávamos tanto. Imagino o cansaço como uma roupa que se veste e que se tira, ou que se veste negligentemente, ou em que nos enrolamos completamente, em função do tipo de espaço em que se está — familiar, profissional, amical, amoroso. O cansaço nos duplica, nos redobra, nos disfarça. Nós o associamos a uma reclamação. Quando falamos de nosso

33. Anne Sexton, «Consorting with Angels» (1963). «Eu estava cansada de ser uma mulher,/ cansada das colheres e das panelas,/ cansada de minha boca e de meus seios,/ cansada dos cosméticos e das sedas./ À minha mesa ainda havia homens/ ao redor do pote que eu servia./ O pote estava cheio de uvas roxas/ E as moscas eram atraídas por esse aroma/ Havia mesmo meu pai com seu osso branco/ Mas eu estava cansada do gênero das coisas». In: Anne Sexton, *The Complete Poems*, Maxine Kumin (ed.). Boston: Houghton Mifflin Company, 1981, p. 111. Tradução de Renato Marques de Oliveira, publicada em «Anne Sexton e a poesia confessional: antologia e tradução comentada». *Sínteses*, v. 10, Campinas: 2005. [Ligeiramente modificada pela tradutora, em cotejo com o original e com a tradução para o francês de Clara Schulmann, N. T.]

cansaço, tentamos também compartilhar algo que existe somente pelo jogo da enunciação. Esse estado é porém difícil de descrever — um pouco genérico, vago, frágil, ao mesmo tempo físico e psíquico. Penso que, se há partilha, é que algo se fabrica. Procuro o que as vozes cansadas modelam.

///

Em 2013, participo da organização de um seminário que faz parte do *Travelling Feministe*, um projeto de pesquisa nascido em torno do Centre Audiovisuel Simone de Beauvoir.[34] Convidamos pesquisadoras ou artistas a virem discutir um uso crítico das imagens, a partir de um ponto de vista feminista, queer. Diversas sessões são organizadas, uma delas com Sophie Mayer, poeta, escritora e professora que vive em Londres e que vem apresentar *Daughter Rite*, um filme de Michelle Citron realizado em 1978. O filme se organiza em duas modalidades distintas. A primeira consiste em uma montagem de filmes

---

34. Fundado em 1982 por Delphine Seyrig, Carole Roussopoulos e Ioana Wieder, militantes feministas, todas elas envolvidas em práticas fílmicas ou de vídeo, esse centro reúne e conserva documentos audiovisuais relativos à história das mulheres, suas lutas e seus direitos. Ele é atualmente dirigido por Nicole Fernandez Ferrer.

de família, rodados pelo pai da cineasta nos anos 1950. Veem-se duas garotinhas (Michelle e sua irmã) e a mãe delas, filmadas em atividades cotidianas, banais. Essas imagens são ligeiramente desaceleradas e repetidas. Uma voz em off, que identificamos como sendo a de uma das duas garotinhas, conta da ligação que ela tem com sua mãe. A outra parte do filme parece à primeira vista ser um tipo de documentário que coloca em cena duas jovens mulheres — duas irmãs. Vemos as duas discutirem em diferentes cômodos de uma casa (quarto, cozinha). Elas também mencionam sua mãe, sua vida, suas escolhas. Compreendemos, no fim do filme, que as cenas não são improvisadas, mas encenadas, escritas. Assim, o filme baseia-se em um estratagema: o que é da seara do filme de família, as «verdadeiras» imagens documentais, é retrabalhado, manipulado, enquanto as cenas pretensamente improvisadas revelam-se ficção. Esse *twist* cria uma confusão muito forte, que efetivamente perturba o espectador. É porém a voz em off da primeira parte que me interessa. É a voz da cineasta. Sua tonalidade torna o filme quase insuportável: a voz é arrastada, um pouco apática, adormecida. Ela se soma ao impudor que caracteriza a narrativa das relações entre uma filha e sua mãe, colocando as duas em uma vertente especialmente obscura. Ela começa assim: «Comecei este filme quando eu tinha 28 anos. Meu 28º aniversário foi especialmente difícil para mim. Fazia meses que eu estava deprimida, acordava todas as manhãs às cinco horas, não conseguia dormir à noite, perdia peso. Tinha dificuldade em trabalhar, em me concentrar. Vinte e oito anos é tanto, já é tarde demais. Logo antes do meu aniversário, de repente me lembrei que minha mãe tinha se casado e tido sua primeira filha aos 28 anos, eu. E agora era minha vez de entrar no 28º ano, e eu não estava casada, não tinha filhos. Na verdade eu tinha medo. E foi esse medo, naquele momento preciso de minha vida, que iniciou este filme. Hoje tenho trinta anos. Dedico com muito amor este filme à minha mãe, uma mulher com a qual eu me pareço muito e ao mesmo tempo nem um pouco».[35] Adormecida, a voz em *Daughter Rite* é como as imagens — desacelerada. A capacidade do filme em induzir uma postura depressiva se quebra com o tom dos diálogos entre as duas atrizes, na parte encenada, que por outro lado é muito viva. Na primeira parte, a lentidão das vozes e das imagens exige do espectador um esforço, uma perseverança. O cansaço é uma coisa raramente mostrada ou sentida

---

35. Trecho extraído da trilha sonora de *Daughter Rite* (Michelle Citron, 1978). [Tradução para o português a partir da versão francesa da autora, N. T.].

no cinema. A monotonia, a rotina, o esgotamento das formas e dos modelos: *Daughter Rite* assume uma forma de abatimento. Se o feminismo se situa frequentemente do lado dos discursos-manifestos, tidos como capazes de transmitir forças e «empoderamento» (*empowerment*), no filme de Michelle Citron não é bem assim.

///

Emma, Eleanor, Emily. O texto de Emily Apter, especialista em literatura comparada, sobre a tradução de *Madame Bovary* por Eleanor Marx, se apresenta como «a biografia de uma tradução». Eleanor Marx, a mais nova das filhas de Karl, publica em 1886 uma tradução do romance de Flaubert. Os fracassos sentimentais de Emma e os de Eleanor conduzem tanto uma quanto outra ao suicídio. É o modo como Eleanor compreendia sua tarefa de tradutora que interessa a Emily. Eleanor defende uma «tradução conscienciosa», honesta e sincera, que tenta «fazer o seu melhor» a fim de «dar a conhecer o original». Emily escreve: «Como um clichê, a tradução de Marx parece de fato a defesa de uma textualidade não original. Sem autor, neutralizada, des-possuída — 'suicidada', se quisermos —, a tradução, como o clichê flaubertiano, se dá aqui como uma forma inédita de expressão literária que, contra os valores românticos e os mitos vanguardistas da originalidade, expõe sua dependência de carregar com orgulho o peso de seus antecedentes literários».[36] Curiosamente, essa ideia de textualidade não original se associa, no texto de Apter, à ideia de cansaço. O clichê, o plágio, a tradução: são todas operações literárias que jogam com o esgotamento da linguagem, sua depressão, seu cansaço crônico. Em setembro de 2016, escrevo a Emily Apter para saber mais. «No texto que você escreveu sobre Eleanor Marx e sua tradução de *Madame Bovary*, você considera a hipótese de uma tradução 'cansada', baseando-se em *O Neutro*, de Roland Barthes, e relacionando essa ideia à noção de 'clichê' e à perda do original. Estou totalmente fascinada por essa ideia. Gostaria de verificar se eu li bem o que você escreveu e talvez perguntar-lhe se você desenvolveu em outras publicações a ideia de um 'texto cansado', especialmente em um caso de tradução. Espero que você não ache esse e-mail invasivo demais. Seu texto, assim como sua ideia de 'tradução melo-biográfica', foi muito importante para minhas próprias pesquisas, interessadas também em questões metodológicas. Atenciosamente.»

36. Emily Apter, «La Bovary de Marx». *Fabula-LhT*, n. 9, «Après le Bovarysme», março de 2012. Disponível em: <http://www.fabula.org/lht/9/apter.html>.

Ela me responde que esteve muito intrigada pela ideia de fatiga textual mas não investigou mais a fundo essa pista. A maneira que Emily tem de falar desse projeto de tradução ressoa singularmente em meus ouvidos: tenho a impressão de que minha própria pesquisa e sua transcrição para a forma de livro me pertencem cada vez menos. Fico rodeando esse texto de Emily: me apego a essa ideia de «textualidade não original», que tenho a impressão de praticar, mas ao mesmo tempo também estou seduzida pela expressão «tradução melo-biográfica». Pergunto-me se o cansaço confere um aspecto «melo» a meu projeto.

///

No dia 29 de novembro de 2017, um e-mail da SNCF me informa que nos últimos anos eu percorri 111.581 quilômetros. Os trajetos entre Bordeaux e Paris constituem praticamente a totalidade desse «montante» fabuloso. Tenho de repente a impressão de que esse número fala por si só do absurdo que é minha vida profissional, que ele resume e condensa melhor que qualquer outra narrativa. Estou completamente abatida. A circunferência da Terra mede 40.075 quilômetros: dei portanto quase três vezes a volta ao mundo para ir trabalhar.

///

Leio na internet textos escritos por Johanna Hedva («feiticeira anticapitalista psiconauta que pratica um feminismo interseccional, queer, politicamente decolonial, oposta ao supremacismo branco»), que a partir de sua própria experiência trabalha sobre a doença e seus efeitos. Seu projeto se chama *Sick Woman Theory*. Ela o define assim: «Esse projeto tenta redefinir a 'doença' frente ao que costumamos opor a ela, de maneira binária: o bem-estar. Nossa ideia da doença vem do capitalismo: um corpo doente é um corpo que não pode trabalhar, que não pode participar daquilo que a sociedade espera dele do ponto de vista das noções capitalistas de trabalho, de valor e de produto. 'Sentir-se melhor' significa simplesmente poder voltar ao trabalho — e se esse estado fosse impossível de ser atingido? E se fosse o fato de trabalhar que nos deixasse doentes? Nesse projeto (*Sick Woman Theory*), parto da premissa de Judith Butler, segundo a qual o que define um corpo é sua vulnerabilidade e sua dependência em relação às infraestruturas de ajuda. Em outros termos, necessitar de cuidados, estar doente, ser vulnerável não é uma aberração, é a norma. É estar com boa saúde que deveríamos achar estranho».[37]

///

Eleanor Marx é muito severa quando aborda sua tradução de Flaubert: «Nenhum crítico pode ter a consciência mais dolorida do que eu das fraquezas, dos defeitos, dos fracassos de meu próprio trabalho, mas ao menos a tradução é fiel. Nunca eliminei ou acrescentei uma linha que fosse, uma palavra. [...] Meu trabalho, eu sei, comporta consequentemente algumas carências. Ele é pálido e fraco ao lado do original».[38]

///

Minha obsessão por esse prédio vazio toma proporções consideráveis. É um espelho. Quando olho para ele, eu me vejo. Todas essas janelas escuras, como buracos, sem profundidade. Alguns pombos congelados de frio se

---

37. Johanna Hedva entrevistada por Vivian Sming, em 5 out. 2015. Disponível em: <https://www.dailyserving.com/2015/10/interview-with-johanna-hedva>.

38. Prefácio de Eleanor Marx em *Madame Bovary*. Londres: Great Russell Street, 1886. Citada por Emily Apter, op.cit.

agarram às cornijas. Espero há meses por uma gota de luz, um sinal de vida. A impressão que se tem não é nem francamente inquietante nem sórdida. É mais como se esse prédio estivesse cansado. Ou ainda: é como se esse prédio tivesse endossado meu cansaço, minha falta de vontade, minhas preguiças, minha inércia. Eu poderia dizer: «É perfeito, mandei meu cansaço para o outro lado da rua, livrei-me dele». Mas não. Como no sonho, o prédio tenta me atrair até ele. Não consigo me desfazer dele.

///

Segundo Anne Sexton, é com «The Double Image», poema escrito no final dos anos 1950, que ela encontra sua voz de poeta. Nele, ela descreve sua relação com a filha, as idas ao hospital, as estações que passam, sua certeza de querer ser mãe. Em uma gravação em que a ouvimos ler o texto, sua voz ressoa forte, ela é clara, determinada. Essa maneira de *dizer* um texto supõe uma rítmica bem cadenciada, sustentada, ligeiramente enfática. Essa dicção parece hoje datada, e a voz de Anne Sexton soa triste e cansada. Esse *sinal fraco* da voz exibe porém uma força inesperada: o cansaço não é doentio, é mais como se essa voz comportasse as marcas das montanhas que terá sido necessário mover para conseguir ser audível, reconhecida. Assim, parece-me que os silêncios, os fracassos e as dificuldades (no caso de Anne Sexton, elas são inúmeras) de que a escrita provém ficam arquivados na maneira como a voz pesa, espessa. O cansaço possuiria portanto uma vertente «metodológica» a partir da qual poderíamos extrair uma reserva de narrativas, uma marcha a ser seguida, em vez de um estado físico que deve ser combatido ou mascarado: essa gravação de «The Double Image» torna público um estado que, de costume, é sobretudo escondido. Há muitos depoimentos sobre a voz de Anne Sexton — uma voz de fumante, muito grave, tingida pelo álcool. Quando ela lia, com frequência tirava seus sapatos e falava com um copo na mão.

///

Eu li menos Donna Haraway do que a vi falar. Sua voz, acompanhada de mãos gesticulando e de uma forte implicação dos traços de seu rosto, transmite algo de muito enérgico. Não sei aproveitar tudo o que ela diz, escreve ou conta — mas encontro sempre nela alguma coisa que não saberia onde mais procurar: um jeito de considerar coisas que coletivamente qualificamos de maneira negativa (o fracasso, a dor, a doença) como efeitos do que é vivo e que nos permitem não somente produzir diferente, mas também nos livrarmos de toda forma de cinismo. Ora, pressinto às vezes que o cansaço conduz ao julgamento, a retóricas amargas e desencarnadas. Preciso então ainda mais da maneira como Donna Haraway convoca a depressão, nessa entrevista por exemplo, para evitar o desapego, para defender nossas fragilidades pois elas nos tornam menos inocentes:

Donna Harraway: A depressão abre um espaço de possibilidade justamente porque de repente as coisas deixam de funcionar suavemente.

Thyrza Nichols Goodeve: Acredito que é uma das coisas mais importantes que você me permitiu entender.

D.H.: Adoro essa ideia!

T.N.G.: É a verdade.

D.H.: Claro, é um processo doloroso.

T.N.G.: Sim, mas é o momento exato em que a dor pode se transformar em algo produtivo — sem querer soar como Pollyanna. Em alguns momentos, a dor é quase um dado, então vamos ver o que podemos fazer com ela.

D.H.: Sim, esse tipo de consideração exige que nos voltemos para uma consciência da finitude, da mortalidade, da limitação, não como uma espécie de glorificação utópica, mas como uma condição de possibilidade. Uma forma de criatividade no sentido mais literal do termo,

que se oporia à negação. Penso que é algo que entendi
também graças ao feminismo. A insistência em um tipo de
relação não hostil com o corpo mortal, com suas panes.[39]

A questão do cansaço exige que contornemos a
ideia de que «o que não mata, fortalece». De acordo
com Donna Haraway, a maneira como podemos reeditar
novas «condições de possibilidade» é uma resposta mais
potente frente aos reflexos doloristas porque aqui emana
de uma tradição feminista capaz de aceitar os enfraque-
cimentos do corpo.

///

A artista Frances Stark publica em 1999 um livro intitulado *The Architect and the Housewife*. Há uma grande
liberdade na escrita do texto, além de muito humor e algo
ligeiramente desesperado. Inúmeras razões me empurram
para ele, entre elas o fato de que vivi muito tempo com um
arquiteto. No momento em que escreve o texto, Frances
Stark tem 32 anos. Suas questões ou problemas são múltiplos: como viver sendo uma artista, em que tipo de espaço

39.   Donna J. Haraway, *How Like a Leaf: An Interview with Thyrza Nichols
        Goodeve*. Nova York/Londres: Routledge, 1998, p. 115.

trabalhar, como se manter financeiramente, como superar uma dor de amor, comer bem, dormir melhor. No meio de todas essas interrogações, a palavra *housewife* surge regularmente, com ansiedade, em sua cabeça. Associada à figura do arquiteto, necessariamente masculina, a dona de casa se torna uma forma genérica que permite que Frances Stark percorra uma série de dilemas, bloqueios ou fracassos relativos à sua condição de mulher e de artista. O texto é como um longo monólogo, bem descosturado, em que as referências a pessoas próximas, a artistas, arquitetos ou textos se imbricam em uma narrativa cotidiana. Estranhamente, porém, ele sempre resulta bom. Ele desdobra as hesitações como círculos que ressurgem sem cessar, apesar dos esforços manifestos da autora para se extirpar deles. O sentimento de cansaço que emana do texto tem a ver com esses círculos infinitos — mas também, mais especificamente, com a descrição que Frances Stark fornece de suas enxaquecas recorrentes, traiçoeiras: «No dia em que cheguei a Taipei para escrever este ensaio, tive uma dor de cabeça terrível, dessas que nenhum analgésico consegue aliviar. Tenho tido essas dores de cabeça sempre (ao menos parece sempre ter sido assim). Estou acostumada a precisar desculpar-me e sair de todo tipo de situação, a partir em busca de um lugar macio para repousar minha cabeça, ficar ali e esperar que a situação volte ao normal. Como as dores de cabeça implicam uma dor aparentemente localizada no cérebro, uma confusão pode se seguir a respeito de onde exatamente estaria a origem da sensação desagradável. Os sintomas sendo em geral invisíveis, é fácil pensar na dor como um fenômeno mais mental do que físico. E, é claro, as dores na cabeça de mulheres têm sido comumente associadas a pretextos por não querer 'fazer aquilo'».[40]

/ / /

Em um dos volumes de sua autobiografia, a escritora Vivian Gornick faz descrições geniais do luto vivido por sua mãe após a morte do marido — luto do qual ela aliás se recusa a sair. Seu abatimento é descrito como uma roupa, uma manta ou um tecido com o qual ela se envolve teatralmente e que a cobre progressivamente. Sua voz também endossa sua aflição: «Ela se exprimia o mínimo possível e quando falava sua voz era tensa e triste, a fim de que seu interlocutor não conseguisse esquecer sua 'condição'. Se ela atendesse o telefone, sua voz descia uma oitava no momento em que falava alô; caso contrário, como

40. Frances Stark, *The Architect and the Housewife*. Londres: Book Works, 1999, p. 22.

ter certeza de que a pessoa que telefonava poderia avaliar a natureza permanente de sua dor? Por cinco anos, ela não foi nem ao cinema, nem ao concerto, não participou de nenhum evento público. Ela trabalhou e sofreu».[41]

Em meu último ano como professora em Bordeaux, Alexia me pede que eu a oriente em sua dissertação. Ela leva algum tempo para saber sobre o que quer falar. Em uma conversa que temos sobre esse assunto em Atenas — Alexia faz parte do grupo de estudantes que passa seis meses ali —, eu sugiro que ela siga a pista de seu guarda-roupa: Alexia confere muita importância à maneira como se veste. Uma parte de sua prática artística consiste em realizar ela mesma suas roupas. Ela é toda colorida (desde a infância), dos cabelos aos sapatos, as lantejoulas, o rosa, o dourado e o batom devem combinar, e não são todos vermelhos: a cada dia ela adota novas maneiras de equipar suas roupas, novas combinações que, de acordo com ela, têm a ver com seus estados de alma, suas vontades, suas emoções, suas preguiças. Ela decide que sua dissertação vai tratar de seus trajes e da maneira como ela entrevê cada dia como o oferecimento de uma nova armadura. Conversamos muito sobre isso. Peço a ela que

41. Vivian Gornick, *Fierce Attachments. A memoir* (1987). Boston: Beacon Press, 1987, p. 76.

leia algumas páginas em que Judith Butler evoca justamente o traje que usamos cotidianamente, o da normalidade hétero, que pesa e restringe. Falamos sobre esse efeito de proliferação que suas roupas encarnam, sobre seu brilho, que permite desestabilizar as normas, especialmente aquelas que regulam o funcionamento da escola em Bordeaux, de acordo com Alexia. Paralelamente, enquanto desconstruímos juntas seu guarda-roupa com base nas fotografias que ela tira de seu look dia após dia, ela me fala da «Sereiazinha», o conto de Andersen, que ela decide incluir em sua dissertação e cujo texto lhe serve de marcador de página. Mergulho nessa história da sereiazinha que aceita ser privada de sua voz e tem a língua cortada em troca de uma aparência humana que lhe permitirá, talvez, ganhar o amor. Uma noite, em Atenas, estamos juntas em um restaurante e começa a fazer frio. Peço que Alexia passe em sua casa para pegar um casaco para mim. Nunca lhe devolvi. É um casaco preto, de lã, muito grande. Usei-o durante toda a minha gravidez. Ao retirá-lo de seu guarda-roupa, de que tanto falamos juntas, ela me fabricou um abrigo que guardei comigo, para além de Bordeaux e Atenas.

///

Conheci Maïder em Roma, na Villa Médicis. Seu rosto me surgiu em meio às estantes da biblioteca. A amizade que nos liga é ela própria ligada aos livros — que trocamos, de que falamos, que estão no coração de nossas conversas há quase dez anos. Entre as vozes que me rodeiam e que rodeiam esta pesquisa, a voz de Maïder, frequentemente ao telefone, ela também em estações ferroviárias e nas escadas rolantes entre um trem e outro, é importante. Em fevereiro de 2015, Maïder e sua amiga Annie MacDonnel, com quem ela forma um duo de artistas para certos projetos, fazem uma leitura no Centro Pompidou. Trata-se de um texto em duas vozes. Enquanto elas leem, as páginas do texto vão cobrindo uma mesa de luz que projeta uma imagem, primeiro cinza, e que se escurece progressivamente. O texto relata a experiência comum que elas tiveram enquanto jovens artistas em residência no Fresnoy — essa escola de cinema do norte da França que acolhe estudantes já diplomados. Elas não se conheciam na época e se encontram ao procurarem por um apartamento em Roubaix, onde iriam passar um ano. O texto delas narra essa longa temporada em Roubaix, a solidão compartilhada em um apartamento frio, a relação que mantêm com a escola e com o que elas devem fazer ali, o céu cinza, a perda progressiva de parâmetros. A figura de um cavalo abandonado em um pasto por onde elas passam a caminho da escola retorna regularmente, uma figura provavelmente amical, mas cujo cabresto e cuja solidão traduzem sua própria impressão de aprisionamento e impotência. As garotas se apegam ao cavalo, o espreitam, ficam felizes ao reencontrá-lo. À medida que a ansiedade delas cresce, ele passa a encarnar a única coisa que se pode salvar daquele ambiente cotidiano. O sentimento de depressão que elas partilham aumenta. Cada uma a seu modo, elas tentam tanto fugir de Roubaix quanto conseguir fazer alguma coisa ali. O texto, que escrevem juntas anos mais tarde, tem uma estrutura cíclica, no centro da qual trota esse cavalo com seu cabresto, que retorna como um refrão, uma rima, que relança e também freia o texto — voluntariamente atolado nessa imagem. Uma fixação desproporcional — daquelas que construímos quando estamos à beira do abismo: «O cavalo era o presente inesperado naquele meio de outono, que parecia já o fim do inverno, tão longos eram os dias, de uma monotonia próxima da vertigem, ritmados pelas infinitas idas e vindas entre a casa e a escola, as mesmas conversas com os outros estudantes, cujas palavras, depois de dois meses, já nos pareciam gastas, as mesmas noites passadas a ouvir repetidamente os CDs enviados por Alex, o namorado de Annie que ficou em Toronto, as mesmas tentativas de escapadas para Gand, Bruxelas ou

Courtrai, que acabavam em um inevitável sentimento de fracasso, e sobretudo, sobretudo os mesmos domingos assassinos de que saíamos exangues, encalhadas em nossas camas respectivas como duas baleias moribundas. Poderiam ser dias fundidos em um só, imenso e terrível, em que o tempo não tinha mais medida. Sim, a descoberta do cavalo era um novo horizonte, ou melhor, nosso único horizonte. Ele ocupava agora o centro de todas as minhas conversas com Annie. Nós iríamos realizar uma série de fotos, rodar uma sequência de filme, não, escrever um roteiro mais complexo associado a uma performance que eu tinha acabado de fazer em Paris. Sem sombra de dúvida, o cavalo guardava uma força poética considerável, e nós dividíamos secretamente a ideia de sermos as únicas, naquela cidade ingrata, a poder apreciá-lo».[42]

Durante a leitura, as vozes delas eram átonas, sem sabor. A performance combina perfeitamente com a palidez da experiência comum, tanto que, para o público, ouvi-las lendo era a um só tempo incômodo, engraçado, arrepiante e exaustivo.

///

42.   Maïder Fortuné e Annie MacDonell, *Stories are Meaning Making Machines*, texto da performance, não publicado.

«Nos últimos instantes de uma vida inválida passada em reclusão, Alice James, a irmã dos ilustres William e Henry James, abandonou o humor e a sagacidade que sua família tanto valorizava e ditou a entrada final de seu *Diário* para sua enfermeira e companheira Katherine Loring: Ao longo de todo este sábado, dia 5, e mesmo durante a noite, Alice fazia frases. Uma das últimas coisas que ela me pediu foi uma correção na sentença do dia 4 de março, 'discordâncias morais e horrores nervosos', que ela não conseguia tirar da cabeça. Embora ela estivesse muito fraca e ditar a esgotasse, ela não conseguia encontrar a calma até tê-la retocado. Sentiu-se então aliviada».[43]

///

I wanna talk to the ladies tonight
About, um, a situation I'm pretty sure
   [y'all be able to relate to
Trust me

---

43.   Leon Edel (org.), *The Diary of Alice James*. Nova York: Dodd, Mead & Co, 1964, pp. 40-41. Nota citada por Sandra M. Gilbert e Susan Gubar, *The Madwoman in the Attic. The Woman Writer and the Nineteenth-Century Literary Imagination*. New Haven: Yale University Press, 1979, p. 689.

Today I'm not feelin' pretty
See I'm feelin' quite ugly
Havin' one of those days when
　　　　[I can't make up my mind
So don't even look at me
See I don't wanna hear your problems
Cause I'm havin' some of my own
I know it's not your fault that I'm feelin' down
I just want to be left alone
I'm down and out in depression (way down)
I think the worst of everything (this ain't right)
My lower back is aching and my clothes
　　　　[don't fit (oh shit)
Now ain't that a bitch? (yes it is, yea)
Got an attitude and I ain't talkin' to you
Only if the shoe fits, yea
I don't care what you think about me, no no no no
I don't need you crowdin' round me now
Need you're sympathy, I don't need it
Oh, don't need it (PMS)

Goin' through somethin' tonight, some in the day
Y'all need to understand where I'm comin' from, now
See I'm PMS'in

100

Yea y'all ladies told you you would be able
    [to relate tonight
My lower back is achin' (PMS)
And I don't know what I'm gonna do next
I'm full of stress, I want y'all
Want y'all to hear what I'm sayin'
Won't you hear what I'm sayin'
PMS, PMS, PMS (PMS)
PMS, I know y'all understand
Understand what I'm sayin tonight
Understand where I'm comin' from, feelin' real bitchy
And I don't feel like bein' nice to nobody
Don't feel like smilin' no, don't feel like smilin', no no
See I already know that I'm fucked up (PMS)
And I don't need you to remind me
Because PMS is takin' over right now
If you understand, understand where
I'm comin' from
Sing along, say PMS (PMS)
Oh, this is the worst part of everything
The worst part of bein' a woman is PMS, yea
Give me a break, give me a break
Cause I don't wanna hafta set it on ya, set it on ya

Take it away, take it away, take it away,
[take it away, take it away
Cause I'm PMS'in, yea[44]

///

Deixei Bordeaux carregando presentes: Nora me deu uma pequena carta de tarô que ainda está em minha carteira e que dá sorte. Hugo me deu um canivete, fabricado nos ateliês da escola, que guardo, aberto, em uma prateleira de minha estante de livros. Eu o dispus de modo que ele olhe para o famoso prédio vazio. Esse presente vela por mim. Graças a ele, não baixo a guarda.

---

44. Mary J. Blige, «PMS», *No More Drama* (2001). PMS é o equivalente a TPM, a abreviação de «Premenstrual Syndrome» (tensão pré-menstrual).

«A coisa mais importante que devo lhes dizer hoje é que os cabelos são muito importantes. É uma lição de vida que minha família jamais me ensinou. Wellesley e Yale também falharam em transmiti-la a mim. A maneira como você ajeita seu cabelo envia sinais importantes às pessoas a seu redor. Seu penteado diz quem você é e o que você defende. As esperanças e os sonhos que você formula para o mundo... E especialmente as esperanças e os sonhos que você tem por seu cabelo. O mesmo vale para seus sapatos. Mas os cabelos contam ainda mais. Então, em resumo: dê atenção a seus cabelos. Porque todo mundo fará isso também.»

Discurso de Hillary Clinton na Universidade de Yale na cerimônia de entrega de diplomas, 2001.[45]

---

45.   Citado em *The Guardian*, 31 maio 2001. [tradução para o português a partir do trecho em francês traduzido por C. S.]

4. TRANSBORDAMENTOS

Ser sentimental

Os primeiros planos do filme *A outra* (*Another Woman,* 1988), de Woody Allen, seguem Gena Rowlands em um apartamento nova-iorquino que lhe serve de escritório. Marion Post, a personagem que ela interpreta, é filósofa. Precisa de calma para trabalhar. Quando a noite cai, ela adormece sobre a máquina de escrever e é acordada por uma voz vinda de um duto que liga seu apartamento ao de um psicanalista, seu vizinho de andar. Ela percebe que está diretamente conectada ao consultório e aos pacientes que o frequentam. Apesar das almofadas que ela instala para obstruir a parede, as vozes invadem seu espaço. Especialmente uma: a de Mia Farrow. O conteúdo dessas sessões penetra assim o refúgio de Gena Rowlands. Intrigada pelo que escuta, ela parece estar magnetizada pela personagem. O filme apresenta pouco a pouco as consequências do encontro entre essas duas figuras femininas em tudo opostas. A frieza clínica de Marion, a distância que ela acredita conseguir manter em relação ao mundo que a cerca, a ausência de emoções que a caracteriza, tudo isso progressivamente cai por terra à medida que ela entra em contato com as ansiedades e medos de Mia Farrow. Essa sequência me permite isolar uma coisa: as vozes franqueiam as paredes, desfazem as separações entre espaço interior e exterior. Elas fogem, escapam, rondam, invadem. Essa voz que se introduz na vida da personagem é a rachadura a partir da qual a vida de Marion Post progressivamente se desagrega.

///

Inúmeras obras e textos falam de como as vozes de mulheres são difíceis de conter, de manter. Começo a procurar situações em que as vozes escapam, se disseminam. Detenho-me naquelas que são consideradas líricas demais, às vezes delirantes, associadas à reclamação ou à reivindicação — como se sua sentimentalidade, assumida demais, tornasse-as desinteressantes. Sobre essas vozes, os julgamentos são frequentemente bem duros, cortantes. Damos as costas a elas. É justamente por seus pretensos excessos que elas me interessam: elas são líquidas, aquáticas, ásperas.

/ / /

Dando prosseguimento ao texto que escrevo sobre sua exposição nos Laboratoires d'Aubervilliers, Katinka e eu devemos pensar juntas em uma leitura pública, programada para dezembro de 2015. O ponto de partida seria meu texto, que eu contaria como uma história, baseando-me em uma série de imagens projetadas. Em pleno mês de agosto, enquanto estamos de férias na Itália, cada uma no seu canto, trocando e-mails e imagens, ela propõe: «Uma mesa, uma ou duas cadeiras. Sobre a mesa, um ou dois copos. Faço sair da torneira da cozinha dos Laboratoires um cano transparente. Você lê o texto. A torneira se abre, um pouco d'água cai e enche o copo. A água transborda sobre a mesa e o chão. Quando o texto acaba, eu fecho a torneira. Será provavelmente antes que estejamos em um aquário. Penso nas fontes públicas Nasoni em Roma. O que você acha?» Nossas discussões nos conduzem frequentemente ao encanamento, à tubulação — com que Katinka costuma trabalhar sempre por onde ela se instala. Mas falamos também de choros, de banhos, de respingos. «Lágrimas, amores, ideias.» «Transbordemos!»

Parece-nos lógico que a água nos siga até o palco dos Laboratoires. A ideia é portanto deixar que esse copo se encha durante minha conferência, ganhando progressivamente toda a superfície do solo, obrigando o público a levantar os pés para evitar a água. Um transbordamento programado. No fim de minha apresentação, enquanto imagens de inundações de todo tipo (cinematográficas, documentais) se sucedem na tela, Katinka se levanta para ler algumas linhas de «Water Pipe», um texto de Gertrude Stein:

> Há um incêndio na casa ao lado.
> Será que foi ela.
> Claro que algumas coisas se perderam.
> A água escorre.
> E amores perfeitos. Nenhum funcho.
> Condutores d'água e lápis.
> Um pequeno condutor d'água. Tenho-o aqui.
> Claro que você quer dizer um condutor d'água.
> Nos olhamos e vimos como eles o consertaram.
> Foi uma coisa muito esquisita.
> Uma pequena visita, tão rápida.
> De fato, condutor d'água.
> Nós dissemos que a água não estava perdida.
> Ela não está.

Não perto de tanto vento.

Em conclusão eu peço um pouco de água.

Você está contente com a chuva.

Estou muito contente com ela.[46]

Há duas sequências musicais em nossa apresentação: a primeira corresponde ao momento em que as imagens projetadas passam pelos cartões-postais que nós trocamos durante o verão. Desfilam as paisagens sicilianas, imagens de canteiros, um par de sandálias abandonadas na praia, páginas de poesia, um cinema ao ar livre. Ouve-se então «24 Mila Baci», de Adriano Celentano, em homenagem aos verões apaixonados italianos.

46. «There is a fire next door./ Did she make it./ Of course some things are lost./ Water trickles./ And pansies. No fenel./ Water-pipes and pencils./ A little water-pipe. I have it here./ Of course you mean a water-pipe./ We watched and saw how they fixed it./ This was a very strange matter./ A little visiting and so speedily done./ Indeed water-pipe./ We said water was not lost./ It isn't./ Not nearly so much wind./ In conclusion I ask for water./ Are you not content with the rain./ I am very content with it.» Gertrude Stein, «Water Pipe». In: *Previously Uncollected Writings of Gertrude Stein: Reflection on the Atomic Bomb*. Org. Robert Barlett Hass. Los Angeles: Black Sparrow Press, 1975. «Conduite d'eau», tradução em francês usada por Clara Schulmann e Katinka Bock foi realizada por Louise Langlois e Virgil Thomson em 1928. [A tradução desse trecho para o português procurou manter a ambiguidade e a estranheza que a expressão *water pipe* tem no texto, podendo indicar tanto condutor ou tubulação quanto um cachimbo d'água. N. T.]

Outra música começa quando Katinka termina a leitura do trecho de Gertrude Stein e faz sinal para que comecemos a recolher nossas cadeiras e as cadeiras do público. Escolhemos «Dancing Barefoot», de Patti Smith, porque achamos que seria o momento ideal para dançar com os pés descalços na água.

///

Mais do que falar de vozes que se comportam bem, o transbordamento me permite coletar formas mais indóceis. Compreendo que o que chamo de sentimentalidade mantém uma relação com a insubmissão ou com as liberdades que tomamos. Nas conversas com Katinka, compreendo também que são os detalhes e os gestos da vida cotidiana, tomados no movimento de nossos projetos e desejos, que nos guiam para essas margens — e não o contrário. Precisamos de Adriano Celentano, da poesia, do amor, de Roma e de lágrimas para fazer transbordar o copo daquela que fala.

///

As vozes femininas em off pelas quais me interessei no início da pesquisa (as de Hollywood dos anos 1940) conduzem narrativas tecidas pelas emoções. As histórias que elas contam são fruto menos da necessidade de fazer avançar a narrativa do que de dar conta dos afetos que atravessam as protagonistas. As tonalidades, os murmúrios, os cochichos, a respiração... são dados menos fáceis de notar ou de ouvir nas vozes masculinas, que são mais suaves e constantes. Esses afetos tornam as vozes mais vulneráveis, mais líricas, enfáticas. As primeiras imagens de *Rebecca* (1940), de Hitchcock: a narrativa de um sonho enevoado que faz as vezes dos créditos de abertura. É Joan Fontaine que fala. A voz está associada ao movimento ondulatório, um pouco delirante, especialmente ágil e sensível da câmera que atravessa as portas de Manderley, em meio à bruma. A voz vibra, se recorda. Se mais tarde o filme descreve a rejeição sofrida por Joan Fontaine (a personagem principal) — esfregam em sua cara suas incompetências, sua incapacidade em desempenhar o papel da dona de casa adequada —, os primeiros minutos são mais nervosamente entusiasmados, um pouco fervorosos em sua rememoração — claramente atribuídos a esse personagem sem nome, fonte inequívoca da enunciação, que «substitui» Rebecca. Ligadas a corpos fantasmáticos, essas vozes que contam seus sonhos ou mais simplesmente suas vidas no cinema clássico se dessincronizam dos corpos na tela. A voz em off permite, como nenhum outro procedimento técnico, o abandono do regime de sincronicidade. Nesse momento de separação, em que a convocação ao lar permanece sendo a regra desse cinema, as personagens femininas obtêm um novo estatuto. Dando-se ao luxo de ver a narrativa desfilar como qualquer outra espectadora, deixando suas vozes planarem sobre as imagens, essas personagens adquirem um ponto de vista privilegiado, algo que até então lhes era raramente propiciado. *Rebecca* se inicia com um sonho. É com um sonho também que começa a narrativa de *Alma em suplício* (*Mildred Pierce*, 1945), ou ainda a de *Desejo atroz* (*All I Desire*, 1953), com a voz de Barbara Stanwyck.

///

Se as vozes tentam escapar, é porque espaços (ou histórias) as mantêm fechadas — espaços às vezes fabricados por elas próprias. Vinte anos após a publicação de *Love*, Angela Carter redige um posfácio ao romance, contando a história de um triângulo amoroso improvável: uma jovem mulher instável e dois irmãos malucos em uma Inglaterra interiorana. O livro é tenebroso. No posfácio, Angela Carter decide prolongar a narrativa inicial: «Pensei que a melhor maneira de discutir o romance seria realmente escrever um pouco mais [...]. Os personagens de *Love* estariam hoje nervosamente chegando à meia-idade, eles achavam que isso não aconteceria nunca, pensando que o mundo acabaria antes».[47] Ela retoma cada personagem, entrevê o que ele ou ela se tornou à luz dos desenvolvimentos políticos e sociais ocorridos desde 1969. O posfácio é muito mais inventivo que o romance, que me pareceu muito sério. As soluções narrativas esboçadas vinte anos depois em algumas linhas são mais sarcásticas e sobretudo mais feministas, sua tonalidade é radicalmente diferente da versão original. Mais rápida, mais engraçada e também muito mais presente, a voz de Angela Carter faz com que o destino de seus heróis transborde, imagina novas ramificações ou, ao contrário, afoga-os com um prazer evidente.

///

Narrativas de afogamento, curiosamente, ou histórias de fluidos e de fluxos acompanham as vozes que transbordam. «Bathroom Contemplation» é um texto que Haegue Yang escreve em 2000 e que faz parte de uma série de publicações dedicadas a Gertrude Stein. A artista tem então 29 anos, ela trocou a Coreia e uma

47.   Angela Carter, *Love* (1971). Londres: Vintage Books, 2006, p. 111.

família muito ativa politicamente, na qual ela sempre se sentiu um pouco como ovelha negra, pela Alemanha. Sua carreira estava começando. Nós falamos sobre esse texto numa conversa por Skype, em março de 2017. Tenho curiosidade em saber como ela o escreveu. Suas explicações iluminam sua maneira de considerar a escrita. Ela me conta seu próprio percurso cheio de armadilhas, íntimas, profissionais, ligadas ao exílio, às diferentes línguas que a habitam — e a escrita, que ela considera uma prática difícil, desconfortável, aparece-lhe como uma ferramenta de urgência especialmente apta a apreender a vulnerabilidade. Desde então, «Bathroom Contemplation» adquiriu o estatuto de obra por inteiro. Na retrospectiva de Haegue, organizada no Ludwig Museum de Colônia em abril de 2018, vejo-o exposto, no formato A4, fixado na parede. Em sua construção, o texto produz um tempo embaçado. No centro das diferentes anedotas narradas, há um incidente doméstico ocorrido durante a visita da mãe da artista, Misoon Kim, que vai da Coreia para a casa da filha: a banheira transborda quando ela toma banho. Em muitos aspectos, essa visita da mãe parece infrutífera, fracassada. Os hábitos da vida comum entre a mãe e a filha são antigos e se adaptam mal. Ao final dessa experiência, a filha propõe à mãe, que é escritora, que redijam e troquem textos sobre essa história, como uma maneira de reparar os danos. «Bathroom Contemplation» resulta dessa troca. O texto é composto de quinze parágrafos curtos, numerados completamente ao acaso, e foi escrito a quatro mãos. Ele acumula uma série de emoções negativas: a vergonha, o embaraço, o incômodo, o ressentimento, a insatisfação, a timidez: «Um dia minha mãe decide tomar um banho de banheira. Estou na sala, em meu computador. Compreendo vagamente que ela terminou quando a ouço murmurar e reclamar um pouco. Continuo meu trabalho — as últimas semanas foram bastante difíceis, então dou-me o direito de ignorá-la apenas por alguns minutos. Ela me pergunta por que a água do banho não vai embora. Não tenho vontade nenhuma de ser incomodada [...]. Entro finalmente no banheiro e descubro que ele está inundado! [...] Um pouco mais duramente faço com que ela assuma a responsabilidade pela situação e digo-lhe que é preciso secar tudo o mais rápido possível para não incomodar os vizinhos do andar de baixo. Mas eu não aguento e ao mesmo tempo deixo extravasar todo o meu estresse e minha cólera. Demoro para conseguir me acalmar. Mais tarde, um pouco mais relaxada, sinto pena dela. Me sinto tão triste por nós duas. [...] Minha mãe me

parece menor do que nunca. Isso me dá muita pena».[48]
O texto toma o rumo de uma reabilitação. Cheio de boa
vontade, muito enérgico e tenaz, ele parece investido de
um poder: ele libera a autora dessa sensação de mal-estar e de fracasso. O fato de reclamar, de se culpar, de se
criticar, passa pela peneira muito fina da escrita para
tornar-se uma situação de vida e portanto de trabalho.
No sentido estrito, pois o texto fala de encanamento,
trata-se de evacuar, da melhor maneira possível, emoções muito incômodas. O episódio do transbordamento
da banheira é tratado de modo tragicômico pela mãe e
pela filha. Mas ele segue sendo a imagem de uma tensão
(não somente entre elas, mas também entre culturas —
a Alemanha e a Coreia — em tudo distantes), de uma
fala que não consegue emergir e que toma o caminho
errado: uma descontração que não consegue se instalar.
O banho e a água são como metáforas que se estendem
e vazam, escapando de um sistema vital funcional tido
como gerador de bem-estar e relaxamento. No fundo, o
texto coloca a questão do conforto: o que permite que
nos sintamos bem em um lugar desconhecido, o que se

48. Haegue Yang, «Bathroom Contemplation». In: *How to Write* n. 4. Berlim:
Wiens Verlag, 2001.

pode (ou não) sentir junto à família, o que nem sempre se consegue encontrar em seu trabalho.

///

Os ambientes internos, os quartos, os banheiros, as casas que confinam, que aprisionam e que dão a ver incompetências femininas quando elas, as mulheres, deveriam saber o que fazer neles, saber lidar com tudo ali. O espaço doméstico, como na história de Haegue Yang e da banheira que vaza, deveria oferecer certo conforto, segurança, atrás dos quais com frequência corremos e que temos dificuldade em encontrar. É também o caso para a personagem de Gena Rowlands ou a de Joan Fontaine: essas personagens chegam a se sentir em casa em suas próprias residências ou precisam considerá-las com prudência, apreensão? O transbordamento das vozes faz eco a nossos desconfortos ou fracassos domésticos, que transbordam também: cada um exprime sua dificuldade em encontrar as condições de uma vida boa.

///

Em *The Acoustic Mirror*, que trata principalmente do cinema hollywoodiano dos anos 1940, a historiadora da arte e teórica Kaja Silverman escreve: «O olhar do sujeito feminino é descrito como tendencioso, falível, não confiável, preso em sua própria armadilha. Vê coisas que não existem, tromba com as paredes ou perde o sangue frio quando vê a cor vermelha. E embora seu próprio olhar raramente acerte o alvo, a mulher continua exposta ao olhar do homem. [...] As palavras de uma mulher parecem pertencer-lhe ainda menos que seus 'olhares'. As falas são roteirizadas para elas, extraídas por agentes externos ou proferidas em estados próximos ao transe. Sua voz também revela uma espantosa facilidade para se autodepreciar e se autoincriminar — ela sempre veste a carapuça. Mesmo quando ela fala aparentemente livre de coerção, ela é sempre falada a partir do lugar de um outro».[49]

///

Jane Eyre é um romance meteorológico: as planícies com muito vento, correntes de ar, frio, fantasmas, doenças improváveis e imensas casas perdidas em um campo hostil. Pouco depois de sua chegada à casa de Thornfield Hall, onde é recrutada como professora, Jane Eyre ouve

49. Kaja Silverman, *The Acoustic Mirror. The Female Voice in Psychoanalysis and Cinema.* Bloomington: Indiana University Press, 1988, p. 31.

uma voz feminina que, à noite, vem perturbar seu sono: «Estremeci, inteiramente desperta, ao ouvir um vago murmúrio, peculiar e lúgubre, que soou, segundo me pareceu, bem em cima de mim. Desejava ter deixado a vela acesa; a noite estava terrivelmente escura; eu tinha o espírito deprimido. Ergui-me e pus-me sentada na cama, à escuta. O som desapareceu. Tentei dormir novamente; mas meu coração batia ansioso; minha tranquilidade interna se fora». Ela ouve barulhos de passos. O medo a invade. Ela adormece lentamente quando um riso demoníaco se faz ouvir, um «gobelino gargalhando», um barulho sobrenatural. «Alguma coisa gorgolejou e gemeu. Pouco depois, passos se afastaram pelo corredor em direção à escada que conduzia ao terceiro andar. Uma porta fora recentemente instalada para fechar essa escada; ouvi-a se abrir e se fechar, e o silêncio voltou.»[50] A mulher no sótão, Bertha Mason, presa porque louca, é a primeira esposa de Edward Rochester, senhor de Thornfield Hall e padrinho da garota de quem Jane cuida. Ele conhece Bertha na Jamaica logo após o fim de seus estudos e é seduzido por sua beleza. Casa-se, porém, rápido demais, sem ter aprendido a conhecê-la de fato. Fica sabendo mais tarde

50.   Charlotte Brontë, *Jane Eyre* (1847). Trad. Fernanda Abreu. São Paulo: Companhia das Letras, 2021.

que a mãe da esposa era louca e que uma longa história de loucura e deficiência atravessa a trajetória da família dela. Leva sua mulher para a Inglaterra e a prende por dez anos no sótão de sua casa. E então tenta incessantemente esquecer essa primeira parte de sua vida. Mas apaixona-se por Jane, e essa voz de mulher que escapa das profundezas da casa provoca uma reviravolta no romance. A história de Bertha não é contada por Bertha. Ela nunca tem a palavra.

///

«A mulher nunca fala do mesmo jeito», escreve a teórica feminista Luce Irigaray. «O que ela emite é fluente, flutuante. E não a ouvimos, exceto se perdermos o sentido (do) próprio. Daí as resistências a essa voz que transborda o 'sujeito'. Que ele imobilizará, congelará, em suas categorias, até a paralisar em seu fluxo.»[51]

///

51. Luce Irigaray, *Ce Sexe qui n'en est pas un*. Paris: Éditions de Minuit, 1977, pp. 110-11.

Em novembro de 2014, sou convidada por François e Thomas para participar de um colóquio em Lyon sobre os humores. Intitulado «Moody», o evento propõe traçar as relações entre as emoções, os estados de alma e a época contemporânea. O texto de apresentação que eles escrevem diz assim: «À diferença do sentimento como projeção externa da interioridade, o humor é uma transformação do indivíduo receptivo a seu ambiente, o produto de uma atenção sensível ao mundo». Reúno pela primeira vez questões e personagens que vozes de mulheres me sopram. A intervenção se intitula «Ladies' Voices», a partir do título de um texto de Gertrude Stein que descubro nessa ocasião, datado de 1916. O texto tem três páginas. É uma peça curta de teatro, em quatro atos, com um levantar de cortinas. Encontramos nela o interesse de Stein pela *spoken word* — é inicialmente ao ouvir discussões reais que ela elabora sua peça — e pela arte de conversar no vazio. A redação desse texto lhe é inspirada por uma temporada em Mallorca, em um hotel frequentado por expatriados de toda parte. Assim, as línguas estrangeiras se misturam, cortam a palavra umas das outras, no meio de tentativas, sempre abortadas, de fazer chegar, ou melhor, de manter o fluxo, o jogo social, as réplicas típicas e os esforços de cortesia. A *gossip* como princípio social e discursivo permite que seja desfeita a noção de autoria.

Ela pertence a todos e a ninguém. «What are ladies' voices». A frase, lançada no coração do texto, sem ponto de interrogação, abre possibilidades. As vozes de mulheres carregam consigo o reino doméstico, as reprimendas nem sempre veladas, as hipocrisias sociais, as previsões do tempo, as ambições frustradas. Tudo isso aflora no texto. A *gossip* não tem contornos, ela transborda do corpo (daquele que fala como do que ouve), ela flutua na atmosfera, escapa às categorias «elevadas» de escrita ou de conversa. Sua potência trivial faz dela um objeto fugidio que a cultura dominante considerará sempre como fora do tema. A *gossip* é também uma tonalidade, uma nota, um conto, uma fábula ou um esquete de teatro. Guardo sua textura melódica.

///

Quando conta sua experiência de imersão na feitiçaria do *bocage*,[52] Jeanne Favret-Saada explica a que ponto, enquanto etnóloga, parecia-lhe impossível observar aquele fenômeno do exterior. Ela deve participar,

---

52. *Bocage* é o termo dado a uma região rural em que os campos cultivados e pradarias são fechados por terras altas ou plantações contínuas de árvores. Jeanne Favret-Saada trabalhou em regiões de *bocage*, notadamente no noroeste da França. [N. T.]

como sujeito, daquilo que quer descrever. Ela se percebe submetida a uma série de reações que lhe escapam, cuja intensidade a subjuga. Apenas um diário de campo lhe permite arquivar seus encontros com os enfeitiçados e os desenfeitiçadores, uma crônica que ela não utiliza imediatamente: «Eu organizava meu diário de campo para que ele servisse mais tarde a uma operação de conhecimento: minhas notas eram de uma precisão maníaca para que no futuro eu pudesse alucinar novamente aqueles acontecimentos, e então, como eu não estaria mais 'tomada', apenas 'retomada', eu poderia talvez compreendê-los».[53]

O diário em questão segue um modelo preciso: sem considerações privadas ou subjetivas, ele acumula informações. O transbordamento da experiência produz uma disjunção temporal: «No momento em que se está mais afetado, não se pode narrar a experiência; no momento em que se narra a experiência, não se pode compreendê-la».[54] Anoto a ideia de que é possível programar «re-alucinar». De deixar isso para mais tarde e sobretudo de que podemos precisar disso para trabalhar — isso me dá pistas.

---

53.   Jeanne Favret-Saada, *Désorceler*. Paris: Éditions de l'Olivier, 2009, p. 154.
54.   Ibid., p. 160.

///

A personagem principal de *Mia Madre* (2015), de Nanni Moretti, parece completamente perdida, sozinha: sua mãe está morrendo, o filme que ela está dirigindo atola. À noite, ela tem um pesadelo. Acorda bruscamente. Se recompõe. Ao colocar os pés no chão, ela percebe que o solo está coberto d'água. Acende a luz e constata que um vazamento ocorreu enquanto ela dormia. A passagem entre o sonho, a violência, a noite, o frio, a água no rés do chão: o mal-estar é total, terrível. A ideia de que um vazamento possa ocorrer em plena noite me parece pior que um pesadelo. A cena me marca porque eu a associo a vozes que escapam, que deliram e que contestam o conforto da casa, do *home sweet home,* que causa ansiedade.

///

O livro de Sara Ahmed, *Living a Feminist Life,* apresenta-se como um manual. Detenho-me nas passagens que tratam da reclamação. Elas retomam em parte as postagens de seu blog, *feministkilljoys* — «feminista desmancha-prazeres» —, o livro e o blog foram escritos num espelhamento, ao mesmo tempo. Ela se apresenta assim: «Eu me chamo Sara Ahmed e este é o blog em que publico minhas pesquisas. Sou uma feminista desmancha-prazeres. É o que faço da vida. É assim que eu reflito. Isso resume minha filosofia de vida e meu engajamento». No início do blog, ela anuncia que a reclamação — como modalidade enunciativa, discurso, modo de ser — estará no cerne de seu próximo livro. Os depoimentos que ela reúne se concentram sobre os efeitos da reclamação, emitida por mulheres, em contextos institucionais, acadêmicos: os riscos corridos, como a reclamação se constrói de maneira íntima antes de encontrar uma forma pública, a temporalidade específica da reclamação, os julgamentos a que nos expomos quando reclamamos. Ela escreve, a respeito dos paradoxos que observa: «Uma reclamação faz com que você se oponha à cultura de uma instituição. Ao mesmo tempo, é frequentemente a cultura da instituição que torna a reclamação necessária».[55] A palavra «instituição» pode indicar diversas coisas: o casal, a família, o trabalho. Fala-se que as mulheres reclamam sempre. Eu também reclamo muito. Mas acho sempre estranhas as pessoas que não reclamam. Eu reclamava muito da escola de arte onde eu ensinava: reclamava da maneira como a direção exercitava sua autoridade, da maneira como nós,

---

55. Sara Ahmed, «Cutting Yourself Off». Disponível em: <https://feministkilljoys.com/2017/11/03/cutting-yourself-off/>.

professores, dávamos-lhe espaço contra nossa vontade, da ausência de horizontalidade, eu reclamava dos estudantes e de sua maneira de estar de passagem em sua própria escola, eu achava que a própria ideia de pedagogia se esvaziava progressivamente, perdia o sentido. Eu nunca confundi esses instantes de reclamação com um desamor real nem com uma decepção. Essas reprimendas falavam sobretudo de como é a partir das falhas e das imperfeições que o trabalho é possível. A reclamação serve também de técnica de reafetação, é um método para despertar a crítica, muito necessário. Não me surpreende ler que, de acordo com Sara Ahmed, a reclamação deve ser considerada como uma forma de pedagogia feminista.

///

Entre minhas leituras de adolescente estão os romances de Henry James. Lembro-me de uma viagem para a Itália com Eva e Lila em que, enquanto esperávamos, encostadas em nossas mochilas, que um albergue ou outro nos abrisse suas portas, eu lia para elas páginas de *A taça de ouro*. Hoje percebo a que ponto elas foram generosas comigo — não é um texto que ganha muito ao ser lido em voz alta. Henry James acumula os efeitos de circularidade: as pessoas se dizem as coisas sem dizê-las de verdade, as imprecisões mantêm com toda força a decepção, o silêncio e seus segredos continuam a reinar mesmo no meio das conversas e das tentativas de explicação. Restam apenas obsessões, derramamentos que, uma vez colocados em palavras, parecem loucuras arquitetônicas: projeções que perderam qualquer contato com o real, cujo grau de abstração quase nos faz rir, beira o absurdo. Mas o transbordamento é necessário, ele acaba sempre por ter lugar estilisticamente. Ele permite evacuar, ordenar o vazio. Na obra que coordena sobre a performatividade, a teórica feminista Eve K. Sedgwick cita justamente uma passagem de *A taça de ouro*: «Não importa o que aches, e não peço qualquer coisa de ti, além disto. Eu quero ter dito, e só. Quero não ter deixado de dizer. Ver-te de novo e estar contigo, estar como estamos agora, como costumávamos ficar, por uma hora pequena — ou duas, digamos — é o que está na minha cabeça há semanas. Quero dizer, claro, ter isso *antes*. Antes do que vais fazer. [...] Isto é o que eu queria. Isto é o que consegui. Isto é o que sempre terei. Isto é o que me faltaria, claro, se tivesses optado por fazer me faltar. [...] Eu precisava correr o risco. Bom, tu és tudo que eu poderia ter esperado. É isso que eu deveria dizer. Não queria simplesmente passar um tempo contigo, queria que soubesses. Queria que tu — ela continuou; devagar, baixinho, com um pequeno tremor na voz, mas sem a mínima falha de sentido ou sequência —, queria que tu entendesses. Isto é, queria que ouvisses. Acho que não me importo se entendes ou não. Se não te peço nada, eu não peço — não devo pedir — nem mesmo isso. O que possas pensar de mim não importa nem um pouco. O que eu quero é que isso esteja sempre contigo, para que jamais possas te livrar disso, o pensamento de que eu *fiz*. Não vou dizer que *tu* fizeste, tu podes fazer tão pouco quanto quiseres. Mas que eu estive aqui contigo onde estamos e como estamos; eu dizendo isto. [...]. E só».[56]

56. «'I don't care what you make of it, and I don't ask anything whatever of you — anything but this. I want to have said it — that's all; I want not to have failed to say it. To see you once and be with you, to be as we are now and as we used to be, for one small hour — or say for two — that's what I have had for weeks in my mind. I mean, of course, to get it before — before what you're going to do... This is what I've got. This is what I shall always have. This is what I should have missed, of course,» she pursued, «if you had chosen to make me miss it... I had to take the risk. Well, you're all I could have hoped. That's what I was to have said. I didn't want simply to get my time with you, but I wanted you to know. I wanted you» — she kept it up, slowly, soflty, with a small tremor of voice, but without the least failure of sense or sequence — «I wanted you to understand. I wanted you, that is, to hear. I don't care, I think, whether you understand or not. If I ask nothing of you I don't — I mayn't — ask even so much as that. What you may think of me — that doesn't in the least matter. What I want is that it shall always be with you — so that you'll never be able quite to get rid of it — that I did. I won't say that you did — you may make a little of that as you like. But that I was here with

Sedwick fica impressionada com a circularidade do monólogo. De que fala essa mulher? Impossível dizer de fato: um amor não compartilhado, uma conversa que demorou a ocorrer — inúmeras esperas. Esse fragmento funciona assim como um momento de transbordamento, de vazamento, de escape. A voz, os meandros da reclamação, a insistência no «eu». O *I* do inglês vem furar o texto como uma bandeira ou um grampeador — uma ferramenta rígida e exigente. A linguagem, no entanto, é aquática, pantanosa, ela afunda, ela não tem bordas.

///

Ouço entrevistas da historiadora Arlette Farge, em que ela narra seu percurso e suas pesquisas. Ela explica como autoriza a emoção a tornar-se um princípio de montagem, de associação. Ela confere a essa emoção a possibilidade de ganhar velocidade, de tornar-se menos um assunto, um tema de trabalho, do que um princípio metodológico. Quando o transbordamento se torna um método de trabalho: «Em *La Vie fragile,* há efetivamente

---

you where we are and we are — I just saying this... That's all.'» Henry James, *A taça de ouro.* Trad. Alves Calado. Rio de Janeiro: BestBolso, 2009, pp. 79-80.

uma passagem de algumas páginas sobre a emoção; a emoção para mim é um sentimento de uma beleza infantil — acho que falo assim no livro — e ao mesmo tempo é um tipo de abertura, de rompimento da inteligência, de brecha. Quando o livro foi lançado, em 1986, nós não éramos muitas, nós, mulheres historiadoras, na França. Ir para os lados do sensível, falar que você trabalha a partir de uma emoção, isso era muito perigoso, pois significava ir para os lados do feminino. No entanto conduzi pesquisas linguísticas sobre o que esconde o termo 'emoção': suas ligações com palavras como 'mover', 'mover-se', 'motim' etc. Observar, para dizer bem sucintamente, em que medida a emoção não é um receptáculo em que todo mundo chora, mas, ao contrário, algo ativo».[57] É o que eu procuro em meus transbordamentos: uma maneira de conceber a sentimentalidade que não impeça nem a acuidade, nem o ativismo. Os derramamentos podem encontrar um lugar no espaço compartilhado, o do trabalho, das cidades, das conversas, e dar as costas ao confinamento das casas. Sinto que a passagem é estreita e que as vozes que acumulo aproximam-se de verdadeiros caminhos para a loucura.

57.   Anotado em um caderno, a referência se perdeu.

///

«Não são as mulheres que primeiro chamam assim, que identificam sua maneira de se articular a reclamação, lamúria, apelo», escreve a teórica Lauren Berlant, especialista dos afetos, das emoções e de suas implicações políticas. «É o contexto social patriarcal no qual elas fazem seus enunciados que as torna histéricas antes mesmo que abram a boca. O fato de falarmos de ʻqueixa feminina' [*female complaint*] para evocar a menstruação mostra bem a banalização dos sofrimentos femininos: a cada mês, nós (ou seja, todas nós, inclusive aqueles que pensam nas mulheres como Outra) ouvimos as mulheres reclamarem da litania de males que sofrem, mas nós não nos deixamos comover, elas procuraram por isso, elas são fracas, elas são assim. A queixa feminina é portanto a ʻtestemunha' estética de um preconceito. Situada precisamente no espaço entre uma política sexual que ameaça as estruturas da autoridade patriarcal e uma forma de sentimentalidade que confirma inevitavelmente a impotência daquela que fala, a queixa feminina carrega a marca de sua frustração, de sua raiva, de sua abjeção, o heroísmo de seu sacrifício, em uma forma de enunciado oposicional que declara seus limites no próprio ato de dizer.»[58]

/ / /

O livro de Kaja Silverman que citei anteriormente, assim como o de Mary Ann Doane, *The Desire to Desire,* estão entre as obras publicadas nos anos 1980 que acompanham uma investigação cinéfila feminista de que somos ainda hoje devedoras. Pesquisadoras, críticas, professoras em diferentes universidades dos Estados Unidos elaboravam então uma releitura radical do cinema hollywoodiano que elas desconstruíam. A amplitude dos gestos críticos que elas empreendiam, a precisão de suas análises e a liberdade de tom que elas tinham são ainda um modelo — inclusive porque o cinema como campo de aplicação feminista figura, em seus trabalhos, ao lado da literatura, da psicanálise e da teoria crítica. Um dos capítulos de *The Desire to Desire* investiga a figura da espectadora feminina a partir do que Hollywood faz dela naqueles que ela nomeia «os filmes do discurso médico», em que personagens femininas são submetidas a um olhar clínico masculino

---

58. Lauren Berlant, «The Female Complaint». *Social Text*, n. 19/20, outono 1988, Duke University Press, pp. 244-45.

particularmente invasivo — *Sangue de pantera* (*Cat People*, 1942), *Fogueira de paixão* (*Possessed*, 1947), *Angústia* (*The Locket*, 1946), *A Filha de Satanás* (*Beyond the Forest*, 1949). Culturalmente, atribui-se às espectadoras femininas um excesso de emoção, de sentimento, de afeto e de empatia. Aqueles que chamamos de «filmes de mulheres» nos anos 1940 são frequentemente pensados como *weepies* (melo-dramas), a fim de excitar essa veia emotiva. É também o caso dos filmes que colocam em cena mulheres «doen-tes». A partir daí, Mary Ann Doane desenvolve uma aná-lise do termo «simpatia»: em fisiologia ou em medicina, a simpatia designa uma forma de contágio entre diferentes corpos, uma afinidade grande demais. No cinema, o olhar feminino se engajaria assim em uma proximidade com a imagem que seria o sinal de uma identificação desmedida. A capacidade de instaurar alguma distância faria falta, uma situação que esses filmes abordam como quando se vem «tratar» de uma doença.

/ / /

Nesses exemplos cinematográficos, as mulheres estão isoladas porque são consideradas doentes. O olhar e o discurso médico masculinos organizam seu confina-mento. Parece-me que as vozes, quando transbordam, ativam as simpatias evocadas por Mary Ann Doane, mas de um jeito diferente: o movimento que faz com que elas saiam do esquadro é em primeiro lugar uma maneira de entrar em contato com outras vozes. Sua superfície de ação de repente se amplia e toca, encosta em outros corpos e situações de vida. Nesses movimentos, a voz definitivamente deixa de ser um objeto de estudo para se tornar um princípio de conhecimento e de encontro. Compartilhada, a sentimentalidade se transforma numa força que conecta, associa — nós somos espectadoras tanto quanto as atrizes, e aliás a linha divisória entre esses dois polos tende a se apagar. O contágio faz bem.

«Fica cada vez mais difícil conforme se envelhece, porque suas posições estão mais estabelecidas, assim como suas relações. Não é simples dar um passo para o lado. No que me diz respeito, quando olho para minha vida, eu a considero sobretudo estável: sou casada, dou aula, não tenho nada de um Bukowski ou de um Hemingway, que percorrem o mundo fazendo experiências de malucos — o lugar em que experimento uma verdadeira liberdade é em minhas leituras. Seria muito doloroso se eu tivesse uma vida assim tão estável e além disso parasse completamente de ler, daí não haveria mais esperança — digo isso enquanto autora que se construiu graças aos livros. Com muitos escritores isso é diferente. Alguns deles trabalham a partir de experiências de vida, outros a partir de dramas pessoais. Eu me fiz graças aos livros de outros: todo meu universo e minhas vontades assentam-se sobre o fato de ler de maneira criativa.»

Zadie Smith, entrevista com Paul Holdengräber[59]

---

59. 22 de novembro de 2010, conversa gravada na New York Public Library. Disponível em: <http://media.nypl.org/audio/live_2010_11_22_smith.mp3>

5. DEPRESSA

I'm the Taxi Woman

16 de abril de 2018: minha irmã Lola, que trabalha há pouco tempo como oficial de advocacia sobre o tema Refugiados/Migrantes na Anistia Internacional, está na rádio Europa 1 (*Le Débat d'Europe midi*). Pela primeira vez ao vivo. É preciso ser rápida. É uma semana tensa porque está em votação na Assembleia Nacional o projeto de lei sobre asilo e imigração. Ela precisa evocar a ampliação da duração da detenção dos migrantes. De acordo com ela, a redução dos prazos de instrução dos pedidos de asilo poderia ser uma coisa boa: quanto mais rápido as pessoas têm acesso a um estatuto, melhor ficam. O problema é que hoje reduzir os prazos é algo que se faz em detrimento dos direitos das pessoas: no percurso daquele que pede asilo, é preciso resolver cada vez mais entraves no acesso aos direitos e em sua possibilidade de ser ouvido como ele

gostaria de ser. Alguém diz: «Os direitos dos solicitantes de asilo melhoraram. O objetivo de todo pedido de asilo é ter uma resposta o mais rápido possível, o prazo para obter uma resposta por parte das autoridades francesas é longo demais, e em condições difíceis porque durante os primeiros meses eles não podem trabalhar. A lei tenta ir nessa direção. Você está de acordo, Lola Schulmann?». «Não, de jeito nenhum. Esse pensamento tende a fazer uma diferenciação entre os bons e os maus solicitantes de asilo. Estamos frente a pessoas que viveram um percurso migratório traumático, que viveram inúmeras violências; compreender o sistema francês, a maneira como ele funciona, encontrar um advogado, encontrar os documentos, redigir um recurso, tudo isso requer tempo. Hoje, reduzir de trinta para quinze dias a possibilidade de fazer um recurso é extremamente preocupante», responde ela. Eu ouço o programa ao vivo com duas horas de atraso. Não consigo reconhecer sua voz. Sinto as tensões, a maneira como as palavras brigam em sua boca, algumas engolidas pela rapidez, pela necessidade de fazer sentido imediatamente, de ser eficiente. Não estou habituada a ouvir uma voz tão familiar no rádio — então grito que é uma injustiça quando lhe cortam a palavra. Mais tarde, Jonathan, um amigo de Enrico, diz depois de ouvi-la que a voz de

Lola é uma mistura da de Fanny — minha outra irmã — e minha própria voz.

///

A voz é uma ferramenta, uma técnica, com frequência contida: é preciso ir depressa. Os efeitos da velocidade sobre a voz e portanto sobre o sentido do que é dito me perturbam. Por um lado a velocidade bloqueia a respiração, cria tensão e altera o sentido. Por outro, fico fascinada com os momentos em que se avança rapidamente: no cinema, presto atenção nos diálogos e em seu ritmo, sensível à tomada de velocidade como um momento de virtuosidade vertiginoso.

///

Adoro *Nos bastidores do poder* (*The West Wing*), a série escrita por Aaron Sorkin no fim dos anos 1990. Oito temporadas, todas fiéis ao plano-sequência e ao *walk and talk*, ou como a fala e a conversa, cada vez mais especializadas e complexas, baseiam-se numa rítmica implacável. Os corredores da Casa Branca, tornados infinitos, acolhem uma circulação acelerada de ideias e de corpos. Porque a urgência das decisões a tomar parasita o conjunto das interações sociais, toda forma de relação — e portanto de troca verbal — é submetida a uma intensidade viva. No meio de todos os assistentes, conselheiros, presidentes, secretários, uma personagem feminina, a de C. J. Cregg, é a mais brilhante. A função de porta-voz da Casa Branca faz dela uma personagem-chave, que encontra, contorna e inventa as palavras, o vocabulário, as formulações que destilam ou reorientam a mensagem presidencial. Sua dicção, o som de sua voz, seu riso, a maneira como a série lhe confere mais e mais responsabilidades e a maneira como ela responde a isso, seu humor... C. J. Cregg é im-pressionante. Temporada 1: imersos na penumbra de um começo de noite, os escritórios da Casa Branca emanam uma atmosfera silenciosa mas suavemente acolhedora e secreta. Com algumas taças de champanhe nas mãos, os funcionários se reúnem em torno de C. J., que interpreta a *lip-sync* de um hip-hop, «The Jackal». Para uma porta--voz, o que seria mais lógico do que emprestar sua voz a um texto que ela não escreveu, que ela vai simplesmente interpretar? «The Jackal» é um rap escrito por Ronny Jor-dan em 1993, para o álbum *The Quiet Revolution*. Conta a história de um cara, chamado de O Chacal, rei da rua nos anos 1970, mulherengo, bandido cheio de strass, vestido com ternos italianos — «ele podia deixar qualquer garota bem-comportada completamente maluca». Narrada por uma mulher («Eu já contei a história do cara que mudou minha vida?»), a canção é interpretada por Dana Bryant, poeta, estrela do *spoken word* de Nova York nos anos 1990, conhecida por suas aparições cheias de glamour, em um vestido de lamê dourado. Um tipo de Grace Jones, mas mais feroz. Ela conta: «Sim, quando estou só fazendo leituras ou coreo-poemas, como monólogos encenados, eu uso um jeans, mas para chegar em um club cheio, preciso claramente de algo mais. Os caras sentados na primeira fileira pensam: 'Ah não, essa droga de poesia, não', e o vestido dourado é para isso. É preciso chegar como uma cantora. Eles veem a bateria, se sentem mais confortáveis e se deixam seduzir».[60] Na música, o tom de Dana Bryant contando a história do Chacal tem um humor distante, irônico, e quando C. J. por sua vez a encarna, o efeito é ainda mais estranho: em seu terno cinza de *working girl*, os gestos contidos, ligeiramente travada, C. J. transforma o mito masculino da canção em uma lembrança distante. Restam a virtuosidade das palavras, sua velocidade, o ritmo. A interpretação da interpretação esvazia a lenda e mantém o prazer do texto. *The West Wing* adota

60.   «The Lady speaks the Blues: you can see Dana Bryant on MTV. So What? So she's a jazz poet. Joseph Gallivan Reports». *The Independent*, 11 fev. 1993.

a velocidade, a fortifica e a encoraja, embora assumindo o fato de que ela nem sempre produz ago. Entendo bem que a velocidade é uma ferramenta, mas isso não tranquiliza a inquietude que sinto ao ouvir minha irmã no rádio: será que trabalhar em um tipo de tormenta rítmica, aquela que a mídia favorece, serve de proteção contra a própria tormenta? Será que é possível abrigar-se da velocidade como da chuva?

///

Colocada dessa maneira, a velocidade se torna o reflexo de nossas vulnerabilidades. Penso se é preciso mergulhar nela ou desviar — desacelerar, temporizar. Essa questão está hoje muito na moda. Parece-me que a voz carrega essas questões de maneira evidente, porque ela reage ao vivo, responde, desliga, deve dar o troco como nenhuma outra faculdade sensorial. Nesses momentos de pura reatividade, as inflexões, as entonações da voz revelam a maneira como nós aceitamos ou não o engajamento na precipitação das conversas, das decisões, dos deslocamentos. Em minhas observações, reparo que três motivos se cruzam frequentemente, singularmente «atingidos», modificados ou tocados pela velocidade: os elos (quais famílias, proximidades e afinidades se constroem graças à velocidade ou resistem a ela?), os corpos (como eles se conformam ou não, assimilam ou não as acelerações) e o *savoir-faire* (se somos mais rápidos, será que fazemos melhor?). Essas três categorias se intercalam com frequência.

///

Chego à consulta médica como se fosse um compromisso de rotina. A ginecologista não veio, é sua substituta que me recebe. Ela está gripada, pegou da filha, e não pode me dar um aperto de mão. Ela recebeu os resultados de meus exames de sangue. Coloca a folha em minha frente. Ela faz um círculo com a caneta em dois números e me explica que não são bons. A partir daí, tudo vai rápido demais, a imagem fica embaçada e minhas tentativas de desacelerar nossas conversas são totalmente infrutíferas. Minha ansiedade me impede de ouvir o que ela me diz, com exceção de raros momentos: «vai ser complicado», «pensar em uma FIV». Peço-lhe lenços de papel, a impressora funciona a pleno vapor. Percebo-me na sala de espera, depois na calçada, tenho nas mãos uma coleção de pedidos de exames complementares. Quando mais tarde me pedem detalhes para entender melhor a situação, sou incapaz de dar.

///

No verão de 2016, Sarah escreve, encena e interpreta com Nans o primeiro espetáculo delas, que intitulam *Agora o apocalipse*. O projeto se inspira na leitura do diário de Eleanor Coppola sobre a filmagem de *Apocalypse Now,* de cujo making-of ela era a responsável. O texto narra o projeto faraônico mas também e sobretudo os contratempos, fracassos, tufões, atrasos, ataques cardíacos — as múltiplas catástrofes que acompanham essa filmagem maldita e lendária nas Filipinas. Sarah conta que, na leitura do livro, ela percebe, claro, a narrativa fascinante sobre os bastidores de um filme, sobre a maneira como um casal atravessa uma crise enorme, mas se detém sobretudo na maneira como uma mulher sem objetivo ou desejo próprio constrói, à sombra, um projeto só para ela. Ao ler Eleanor, Sarah tem o sentimento de descobrir a ideia, escamoteada, escondida, de que a catástrofe talvez não fosse apenas temida mas também um pouco desejada: Francis é poderoso demais, louco demais, rico demais — e o casal se desfaz à medida que ele se afunda, como seus personagens, na selva. Esbarrar no abismo talvez pudesse ajudar a tê-lo de volta. Para restituir algo desses diferentes desastres, Sarah e Nans interpretam, durante todo o espetáculo, cerca de vinte figuras que povoam as páginas do diário: Eleanor, claro, Doug, seu assistente nas filmagens do making-of, e também outros assistentes, figurantes, continuístas, domador de tigre, Bunny Girl — dois anos de filmagem que eles resumem empilhando os personagens. Sem mudar de figurino ou cenário, eles acumulam as figuras, passando de uma à outra sem transição. Uma lógica de montagem que trabalha com a aceleração. O projeto tem um aspecto maratonista: todas essas trajetórias são digeridas juntas. A sobreposição diz mais sobre o caos do que uma descrição circunstanciada dos eventos objetivos. A velocidade se combina à temporalidade dos momentos de vida tocados pela urgência. Se a acolhemos ou a aprisionamos, como tenta fazer Sarah, talvez essa urgência nos imunize, como uma vacina.

///

Às vezes meus motivos (família, corpo, *savoir-faire*) se misturam: a escritora italiana Natalia Ginzburg conta que ela escreve muito rápido porque tinha irmãos mais velhos que, quando ela era pequena, mandavam sempre que ela se calasse quando falava à mesa. Ela se acostumou portanto a dizer o que quer bem depressa, usando o mínimo de palavras possível, com medo de que os outros voltassem a falar entre si e deixassem de escutá-la. Seu *Léxico familiar* (1963) ilustra bem como, às vezes, a circulação da palavra na família impõe uma temporalidade. Essa palavra, há aqueles que a detém, aqueles que conseguem obtê-la, os que não conseguem mantê-la. Escrever esse livro, ela explica, era exatamente como falar: «Scriverlo era per me del tutto come parlare». Seu estatuto de espectadora e de protagonista lhe confere um ponto de vista singular: assim, ela consegue captar melhor a densidade das conversas, seu caráter cifrado, secreto, cacofônico, das quais ela se torna intérprete. Os diálogos que reinam sobre *Léxico familiar* são enervados, conectados a essa ideia de velocidade: ela pode surgir a qualquer momento, sem que nada na narrativa a anuncie. A oralidade pode ser convidada, precipitar-se nas páginas, na maneira como a vida familiar é atravessada pelas tomadas de palavra, frequentemente intempestivas, sobretudo da figura paterna. Sem protocolos, regras, transições: as discussões são anárquicas. Aqui, portanto, a velocidade é também uma estratégia de sobrevivência em um meio familiar pouco conciliador.

///

Meu projeto com este livro consiste em estabelecer linhagens entre personagens, pessoas reais, histórias, afetos, emoções. Algumas das linhas em questão, ou seja, das transições entre um objeto e outro — transições que são também relações — foram esboçadas bem depressa. Minha decepção foi grande quando percebi o tipo de montagem, escarpada, que isso exigiria. A escrita, a quem cabe o trabalho de ligação, deveria restituir esses diferentes caminhos que eu havia percorrido sozinha muito rapidamente. A questão era portanto conservar algo dessa velocidade inicial, a velocidade do sonho mas também da urgência, que havia convocado em espírito um objeto na frente do outro. Conforme avancei na redação, percebi melhor que essa rítmica, se eu a encontrasse, permitiria que eu fugisse do tipo de escrita que quero evitar ao máximo: impassível, fria, desapegada. A velocidade incita a menos prudência. Seria necessário um método que perturbasse um pouco os mecanismos da certeza ou da validação e também que se afirmasse como plural e parcial.

///

As pessoas que se conhecem bem falam rápido entre si. A velocidade rompe as lógicas de familiaridade ou, ao contrário, as acelera. Isso mexe comigo quando encontro meus amigos históricos, por exemplo. O tempo lhes permitiu construir uma linguagem comum que não requer transições. Eles passam de um assunto a outro num raio. Se fico algum tempo sem vê-los, posso me sentir perdida no meio das conversas — eles vão depressa demais para mim.

///

   Enrico vai para Bruxelas assistir a uma performance de Anne Waldman pois trabalha sobre a *Beat Generation* para uma exposição no Beaubourg. Antes que ele me falasse dela, eu não conhecia seus escritos. Em 1975, Anne Waldman, que dirige por dez anos o Bowery Poetry Project, publica «Fast Speaking Woman», o longo poema que a torna conhecida e que enumera o que a mulher que fala depressa é também ou ainda:

> I'm the taxi woman
> I'm the tactile woman
> I'm the ductile woman
> I'm the taciturn woman
> I'm the fierce woman

I'm the Jupiter woman
I'm the tiger woman
I'm the woman with claws
I'm the woman with fangs
I'm the matinee woman
I'm the Neanderthal woman
I'm the decadent woman
I'm the opulent woman [...]

Fazia uns dez anos que ela colocara em prática um princípio de escrita que utilizava o que ela ouvia, na rua, no rádio, às partes, pedaços de vida que animavam o Lower East Side: «Eu escrevia à noite, completamente eletrizada pela incessante atividade — artística, política — do Lower East Side... Impossível seguir sem isso. Havia uma imediatez, uma urgência que me tomavam e que me levavam a anotar o mais rapidamente possível todos os detalhes escondidos ou aparentes desse ambiente — como uma observadora, uma *voyeuse* –, aceitando a heterogeneidade de suas formas».[61]

61. Citada por Roxanne Power Hamilton, «Take Everyone to Heaven with Us: Anne Waldman's Poetry Cultures». In: Avital Bloch e Lauri Umansky (org.), *Impossible to Hold. Women and Culture in the 1960s*. Nova York: New York University Press, 2005, p. 107 [tradução para o português a partir da versão francesa de C.S.].

Assim, as técnicas de gravação vêm duplicar, ativar ou mesmo acelerar a escrita: falar em um gravador, coletar os barulhos, os sons da rua, as conversas que vivem suas vidas nos apartamentos de Nova York, a sobreposição de vozes. No cerne do Poetry Project, Waldman faz da leitura pública um *médium*. As *New Year's Marathon Readings* reúnem até cem poetas que leem, cada um por três minutos. É a partir de suas próprias experiências de leituras e de performances, ouvindo sua voz, que a leitura pública ganha para ela uma importância nova: «A 'performance' me interessava porque ela permitia que o texto se propagasse fora da página. [...] Durante minha primeira leitura pública na igreja Saint-Mark, eu estava sentada com a cabeça inclinada sobre meu texto. Senti que a voz que saía de mim produzia um som limitado, que eu possuía algo de mais profundo que eu precisava expor e explorar. Um som no interior do qual eu poderia crescer».[62] Guardo que a voz cresce e se transforma conosco, que ela pode ser trabalhada, capturada. Anne Waldman surge como uma especialista, expert na voz.

///

---

62.   Ibid., p. 117.

Cantávamos muito quando eu era pequena. Todo um repertório de canções revolucionárias, entre outras. Às vezes, tínhamos aprendido a letra foneticamente, ainda que existisse um famoso «caderno amarelo» contendo algo como um inventário de todas. Uma delas dizia: «O povo terá tua pele». Criança, uma amiga ouvia «O povo Teratuapeli». A canção se tornava uma narrativa, a de um povoado estranho e longínquo. A velocidade da escuta duplica a da letra: o ouvido também cria atalhos. Ficções que surgem porque identificamos «mal» uma palavra. Em resumo, um *savoir-faire* amador, o da infância, consegue modificar os fluxos, os conteúdos, sem que ao menos percebamos nossos erros, aos quais nos apegamos, e que continuamos a ouvir anos mais tarde.

///

Howard Hawks «compunha» os diálogos de *Jejum de amor* (*His Girl Friday,* 1940) para que fossem tão ágeis quanto possível, já que, como ele dizia, o cinema falado havia «desacelerado os filmes». Os personagens ficam o tempo todo se interrompendo uns aos outros. Hawks conta que, para obter esse efeito, é preciso efetivamente «acrescentar» palavras nas frases, no início e no fim, palavras que serão forçosamente «recobertas» pelo outro interlocutor. Essa superposição não existe na vida real. É um puro efeito de escrita: a artificialidade conduz a energia vitalista do filme, que vibra de um modo muito peculiar. É claro que a velocidade conduz também a intriga, e sobretudo a intriga amorosa, sem no entanto tratá-la frontalmente. As coisas vão tão depressa que os dois heróis não têm tempo de declarar seu amor, pois a tensão de sua vida profissional se substitui à dos sentimentos. O amor se exprime pelo trabalho e o trabalho oferece tantas vibrações quanto os sentimentos amorosos. O diálogo mais próximo de uma declaração de amor no filme parece ser este aqui:

> Hildy: — I thought you didn't love me.
> Walter: — What were you thinking with?

Mas a velocidade é também a razão da profunda melancolia que acompanha *Jejum de amor* e sobretudo a protagonista feminina. Quando o filme começa, Hildy (Rosalind Russell) deixou Walter (Cary Grant), que dirige o jornal em que ela trabalhou com brilhantismo por anos. Ela namora agora um corretor de seguros de Albany, o monótono Bruce. Bruce não sabe viver na velocidade, a velocidade da vida dos jornalistas. Ele lhe promete outra coisa: tranquilidade. Ora, Hildy precisa de adrenalina e

Walter usa isso para reconquistá-la, utilizando para tanto os meios mais obscuros. É portanto a velocidade que condena a história entre Bruce e Hildy: com ele, a vida seria levada sem frisson, sem suspense, sem a intensidade que sua profissão sempre lhe ofereceu (o filme é marcado por *deadlines*: as matérias para entregar, os telefones que não param de tocar, uma condenação à morte, o casamento de Hildy e Bruce). Rosalind Russell encarna uma mulher siderada por seu trabalho, em uma época em que se oferecem às personagens femininas sobretudo papéis de donas de casa. Mas para dar livre curso a essa paixão, ela precisa decidir: «She can't have it all». Consciente de que essa velocidade é o motor de seu personagem, Rosalind Russell conta em sua autobiografia, *Life is a Banquet*,[63] ter secretamente contratado um roteirista para que ele melhorasse seus diálogos, que ela considerava menos engraçados e fortes do que os de Cary Grant.

///

Dois meses depois da primeira consulta, começo a fazer os exames complementares — em laboratórios

---

63. Rosalind Russell e Chris Chase, *Life is a Banquet*. Nova York: Random House, 1977.

que ficam cada vez mais distantes. Vou a um deles sem ter entendido — mas alguém me explicou? — que se tratava de uma ressonância magnética com contraste. Fico um pouco surpresa. Me colocam a perfusão, eu visto um tipo de blusa de hospital. Uma multidão está esperando sua vez na ressonância, é preciso aguardar. Me colocam sentada, com a perfusão no braço, em um cômodo que deve ter dois metros quadrados. O tempo passa. Demora muito. Sinto tontura. Tento levantar e caio no chão. O azulejo frio faz ressurgirem imagens e lembranças de férias de esqui, há muito esquecidas. Me acordam com um pouco de água com açúcar, tapinhas nas bochechas, as pernas para cima. Explicam-me que chegou minha vez, devo entrar na máquina, não há tempo. É no momento de pegar os resultados desse exame que ouço pela primeira vez a palavra «endometriose» dizendo respeito a mim. No papel que me entregam, está escrito: «Síncope vasovagal no momento do exame».

///

Neste mundo e no outro (*A Matter of Life and Death*, 1946), de Powell e Pressburger, começa no meio dos planetas de nosso sistema solar. Aproximamo-nos lentamente da Terra. Há uma guerra. Vista do céu, a Terra se retira pouco a pouco, envolta em um véu nebuloso. Ouve-se o ruído de comunicações radiofônicas, o barulho de bombardeios, explosões, um discurso de Churchill. A cena de abertura do filme é incandescente, imersa na cor vermelha, ritmada pela batida das perguntas e respostas. De seu avião em chamas, um piloto inglês chama a torre de controle. Ele não tem mais paraquedas, não tem mais copiloto. Ele precisará fazer uma aterrissagem de emergência, com pouca chance de se salvar. Ele quer ditar seus últimos pensamentos para a mulher do outro lado da linha. A comunicação é ruim. «Are you receiving me?», «I cannot read you», «Are you wounded?». Algumas palavras são trocadas entre a operadora e o piloto. Ele tem tempo de ouvir o nome dela, saber de onde ela é. Ele declama para ela alguns versos de poesia, fala de si na urgência. As vozes são apressadas, abafadas pela emoção, e os rostos, filmados bem de perto. Na mais completa emergência, e sem jamais terem visto um ao outro, eles se apaixonam. Paixão à primeira audição. Aqui, velocidade rima com urgência, os corpos estão distantes mas as vozes surgem como técnica de sobrevivência capaz de inventar novos elos.

///

A musicista (nome artístico: Madame Gandhi, ex-baterista da rapper M.I.A.) e ativista feminista Kiran Gandhi participa, em abril de 2015, da maratona de Londres, deixando escorrer livremente o sangue de seu primeiro dia de menstruação. Mais tarde, ela escreve um texto sobre isso, no qual ela aponta o papel da linguagem em nossa maneira coletiva de construir um tabu: «É a incapacidade que uma pessoa tem de falar clara e confortavelmente sobre seu próprio corpo. É sentir necessidade de se desculpar quando se fala de menstruação. É pedir em voz baixa um absorvente a uma amiga em vez de ser capaz de pedir-lhe em voz alta — como faríamos se precisássemos de um curativo. É manter o silêncio sobre cólicas severas em vez de poder falar honestamente sobre a dor que se sente, da mesma maneira que faríamos se tivéssemos uma dor de estômago depois de ingerir um alimento estragado. É não ter acesso à linguagem que faz você se sentir em segurança ou simplesmente normal quando você fala de seu corpo, em vez de se sentir estranha ou desconfortável. [...] Ora, não poder falar de seu corpo é a forma de opressão mais eficiente. Isso proíbe as mulheres de falarem com confiança do que acontece biologicamente com elas».[64]

Correr a maratona, tocar bateria, enfrentar a velocidade: esses corpos em movimento e essas questões de técnica me tocam porque enfrentam as opacidades — as que dizem respeito «ao que acontece biologicamente conosco», mas também as opacidades do discurso médico.

///

Descubro *Poto & Cabengo* (1978) por ocasião de um projeto de que participo em Genebra, sobre o ensaio no cinema. Mas acho que Mia tinha falado dele para mim antes disso, anos atrás. Ela tinha visto o filme em Viena e voltado com o cartaz, aliás colado até hoje no quarto de sua filha: duas garotas com vestido xadrez, de mãos dadas, olham para a câmera com um ar maroto e inquieto. Uma delas sorri, a outra tem a boca bem aberta. A linguagem das gêmeas Grace e Virginia Kennedy que Jean-Pierre Gorin filma em um subúrbio da Califórnia parece uma gravação sonora em velocidade, como se

64. Kiran Gandhi et Manjit K. Gill, «The menstrual taboo in India and in the US: What does it look like, why does it exist?», Thomson Reuters Foundation News, 7 jul. 2016. Citado por Elise Thiébaut, *Ceci est mon sang. Petite histoire des règles*. Paris: La Découverte, 2017, pp. 90-91.

tivéssemos apertado o *fast forward* para ouvir um texto. Quando o filme começa, como numa enquete, matérias de jornal são lidas em off, apresentando ao espectador esse *fait divers* estranho: duas gêmeas desenvolveram uma linguagem paralela, conhecida somente por elas. O que Gorin demonstra, indo ao encontro das garotinhas e passando um tempo com elas, é que essa linguagem que fascina a imprensa e os psicólogos é resultado de um léxico familiar estranhamente digerido. Criadas por um pai norte-americano e uma mãe alemã que ele conhecera ao final da guerra, bem como pela mãe da última (que não fala inglês), elas cresceram em um coquetel de línguas que não conseguiram desembaraçar. O dialeto delas — Gorin fala de uma linguagem mestiça, «criolizada» — equivale a uma tentativa de misturar as duas línguas maternas, designando assim a célula familiar como lugar onde as trocas são impossíveis. Quando Gorin encontra as gêmeas, cercadas pelos diferentes dispositivos estabelecidos para «conformá-las», elas já estavam começando a «perder» sua linguagem, de que subsistiam apenas alguns vestígios. Quando conversamos sobre o filme, Mia me diz como o filme é no fundo muito triste. É a história de um mundo, um mundo construído pelas duas garotinhas, só para elas, que desaparece. Um mundo em que elas pareciam estar tão mais à vontade, autônomas e alegres. A velocidade da linguagem delas parece contribuir para o segredo, e já não tem mais nada a ver com uma história de performance ou eficiência. Ela parece mais um escudo que as protege do exterior.

///

A velocidade dos discursos, das narrativas, das injunções faz com que nossos medos sejam manifestos, palpáveis. Ela nos impede de filtrar com inteligência, em meio a um barulho constante, formado pelos rumores, os sons ambientes, os atalhos, o que as pessoas nos dizem e que transporta nossos medos, dando-lhes a cada dia mais corpo ou realidade. Mas a velocidade também é o que permite que nos retiremos, que fujamos — podemos então usá-la em abundância, passamos a ser sensíveis a ela, a ter necessidade dela.

///

Em meio às jornadas de estudo que Teresa e eu organizamos em Paris em torno de Laura Mulvey, em abril de 2018, há uma exibição de filmes programada para uma noite no cinema Le Grand Action. Confiamos à artista inglesa Lucy Reynolds a tarefa de organizar algo para aquela ocasião. Rapidamente ela sugere uma leitura dos textos de Laura: *A Feminist Chorus*. Ela propõe confiar essa leitura a três grupos diferentes, que ela chama de *readers* (as leitoras), *makers* (as fabricantes/as artistas) e *viewers* (as observadoras). Teresa e eu devemos recrutar em Paris as pessoas que farão parte de cada grupo. Entramos em contato com estudantes, amigas, cineastas, artistas. Lucy escreve a elas: «Destaco um elemento importante: o 'coro feminista', nas diferentes formas que teve desde 2014, baseia-se na ideia de que não há repetição e que não se trata de cantar de modo profissional (vocês estão convidadas, se quiserem, a cantar um trecho do texto!). Trata-se sobretudo de inventar uma voz coletiva e uma cacofonia de sons feministas. Seria ótimo que pudéssemos nos encontrar um pouco antes da performance — de todo modo, eu estarei lá para dar um sinal a vocês durante a leitura —, mas o principal é que seja um evento espontâneo, e que a chave esteja com vocês. Os textos de Laura servirão como uma partitura comum que circula entre vocês». Assim: Katinka, Isabelle, Manon, Nicole, Jackie, Raquel, Sophie, Pascaline, Rubis, Adèle, Émilie, Céline, Maria, Charlotte, Chloé, Hélène, Marcelline, Wagner, Martina, Caroline, Nora e outros se encontram no cinema ao redor de Laura naquele sábado, com os textos nas mãos. Nada havia sido ensaiado e, até então, nossa comunicação restringia-se ao e-mail. Lucy recebe as garotas na entrada do cinema e conta ou explica para cada grupo como as leituras se organizam. Várias vezes, antes ou depois dos filmes exibidos, assim que as luzes da sala se apagam, elas pegam os celulares, que servem de tochas, e leem, no escuro, em pé, em inglês e em francês, antes de sentarem-se novamente. Suas vozes se misturam. A cacofonia funciona como uma técnica por inteiro, desafiando eficientemente as questões de legibilidade: o sentido dos textos desaparece, mas a visão de todas essas mulheres em pé, misturando suas vozes na penumbra, com seus rostos cintilando naquela sala de cinema, produz uma emoção que apenas o improviso e a rapidez de execução conseguem oferecer.

Não é tarefa fácil encontrar maneiras de incluir nossas múltiplas vozes nos vários textos que criamos — seja no cinema, na poesia, na teoria feminista. [...] Agora mesmo, ao escrever este texto, ou quando eu o li durante uma apresentação, ou falando espontaneamente, usando a linguagem acadêmica familiar agora, ou em outros momentos, «talking the talk» [falando com propriedade] — para usar a linguagem vernacular negra, sons e gestos íntimos que normalmente reservo para minha família e para as pessoas que amo. Discurso privado em apresentação pública, intervenção íntima, a escrita de um novo texto, um espaço que me permita recuperar tudo o que sou na linguagem. Descubro tantas lacunas, tantas ausências neste texto escrito. Citá-las pelo menos permite que o leitor saiba que algo falta, ou permanece apenas indiretamente sugerido por palavras — ali na estrutura mais profunda.

bell hooks, «Choosing the Margin as a Space of Radical Openness». [65]

65.   In: *Framework: The Journal of Cinema and Media*, n. 36 (1989), p. 15-23.

6. IRRITAÇÃO

Tornar-se uma heroína

Em Bordeaux: atravesso a praça Saint-Michel sob chuva, ouvindo Nathalie Quintane na France Culture. Para ela, basta dessa ideia de que a literatura serviria para salvar, curar, reparar: «À medida que o mundo se degrada e que nós mesmos ficamos cada vez mais perturbados, desestabilizados, inquietos, angustiados, estressados [...], a literatura é vista como uma ajuda pessoal, privada, para se sentir melhor, e isso sem contar os livros de desenvolvimento pessoal ou de coaching mental. [...] Não digo que ela não possa servir para isso também. [...] Mas me parece que não dá para ficar só nisso. [...] O aprisionamento em uma forma de meditação contemplativa-consoladora mata, mata a nós e mata a literatura também».[66] Ao ouvir sua voz, um tanto tensa, mordaz, volto no tempo, para o início de minhas pesquisas. A irritação como motivo apareceu a mim quando pensei em seus livros e nos efeitos que eles produzem. Os assuntos de que trata Nathalie Quintane, as atmosferas que ela constrói, suscitam uma forma irritada, entre uma cólera contida e um humor ou uma ironia trabalhada bem na superfície da frase. Esse pensamento em ato descreve bem a situação contemporânea, insatisfatória, um pouco ruminante, que não sai do lugar mas tenta fazer algo. Essa tradução da irritação para uma forma literária me agrada. A irritação é ao mesmo tempo o assunto de certos textos de Nathalie Quintane e a maneira como as asperezas da língua oral vêm perturbar a regularidade da escrita. Em 2006, Quintane foi entrevistada sobre seu livro *Cavale*. O jornalista lhe pergunta se «a fuga» é uma «solução para a depressão». Ela responde: «Não. Se existe fuga, eu já disse, é sobretudo a fuga das ideias. Mas, é verdade, se queremos fugir no sentido concreto, é talvez também porque as ideias nos escapam. É um resumo da situação atual, isso de que todos falam sem conseguir

---

66. «Trahissons la littérature pour qu'enfin elle vive», *Par les temps qui courent par Marie Richeux*, France Culture, 29 mar. 2018.

definir de fato». Perguntam-lhe se ela se refere «à situação política atual». «Bem, não, à minha. Enfim, vem das
discussões estranhas que posso ter com amigos sobre
isso. Estamos na faixa dos quarenta anos, estudamos
e no entanto temos momentos que são piores que o
affaire Villepin-Sarkozy, um pântano mental completo.
Essa dificuldade de pensar o antes, o depois e o durante. Mas acredito que seja uma época abençoada para
mim, no que diz respeito à fuga das ideias. Encontro de
verdade essa 'névoa' que me trabalha desde sempre.
Nada está certo.»[67]

/ / /

Repetidas vezes em minha vida profissional penso
que devo aprender a engolir minha cólera. Vejo e experimento a que ponto, quando ela se manifesta publica-
mente, ela é difícil de aceitar, talvez impossível. Além
disso, sinto que essa cólera me isola, me separa. «Engolir»:
«Impedir uma palavra, um movimento, um sentimento

---

67.   Eric Loret, «De la suite dans les idées fixes». *Libération, cahier Livres*,
Paris, 11 maio 2006, p. 3. Entrevista reproduzida por Alain Farah, *La Pos-*
sibilité du choc. Invention littéraire et résistance politique dans les oeuvres
d'Olivier Cadiot et Nathalie Quintane, tese de doutorado, Université du
Québec à Montréal, ago. 2009, p. 264.

de se exprimir», «Engolir a saliva (sob o efeito da emoção, da inquietude, da hesitação)», mas sobretudo: «Fazer descer pela garganta».

///

«Um resumo da situação atual», diz Quintane. A irritação não tem forma, mas ela arranha, ela faz com que nos lembremos permanentemente dela, ela se instala. Do lado de dentro, interior, ela pena para encontrar sua voz. Ainda que a cólera ofereça uma descarga imediata, eficaz, escolho aqui a irritação — sem dúvida menos fértil, porém mais agregadora. Mais discreta, mas inodora, ela se inocula como um vírus. A irritação me parece mais compartilhada do que a cólera.

///

Nos anos 1990, a artista Carolee Schneemann é entrevistada por Alexandra Juhasz, que conduz uma pesquisa sobre as ligações entre os engajamentos feministas e o espaço midiático. A entrevista claramente se volta para outras temáticas e pode-se perceber que a irritação tem alguma ligação com o humor.

Alexandra Juhasz: Eu gostaria de evocar a influência que seu tabalho exerce. Gostaria de saber o que devemos a você.

Carolee Schneemann: Vocês me devem a vulva. Vocês me devem o conceito de espaço vúlvico. Vocês me devem a bestialidade. Vocês me devem o amor pela presença dos gatos como poderosos companheiros e como energia. Vocês me devem o prazer heterossexual e a representação desse prazer. E vocês me devem trinta anos de um trabalho que nunca foi visto. É isso que todas e todos vocês me devem. [...] Fico contente que você tenha feito essa pergunta. Ninguém tinha perguntado isso antes para mim. Perceba como estou fulminando por dentro.

A.J.: Então é uma história de cólera e de frustração. É também uma história de perda.

C.S.: Uma perda imensa. Uma perda pessoal. Rupturas: sempre houve esse conflito subjacente com meus amantes entre, por um lado, o prazer e a excitação por estarem com uma artista que era uma igual para eles e, por outro lado, a saída sem surpresa que consiste, para eles, em querer ser pais e ter um casamento tradicional. É um sentimento de perda considerável. Claro, todo mundo sempre acaba perdendo um dia ou outro, mas preferimos que isso aconteça o mais tarde possível.

A.J.: E a cólera...

C.S.: Na verdade a cólera tem a ver com o humor e o prazer. A cólera precisa ser afiada. Você pega sua cólera e com sua maior marreta você bate em cima dela até que ela fique bem modelada. Ela deve ficar engraçada, escandalosa e encontrar uma forma estética. Não é suficiente. Mas é bom.[68]

68. «Alexandra Juhasz: I would like you to talk about the legacy of your work. I want to know what we owe you.

Carolee Schneemann: You owe me the vulva. You owe me the concept of vulvic space. You owe me bestiality. You owe me the love of the presence of the cat as a powerful companion and energy. You owe me heterosexual pleasure and the depiction of that pleasure. And you owe me thirty years of lost work that's never been seen. That's what you all owe me. (...) I'm glad you've asked. Nobody has ever asked me. And you can see, I'm fuming underneath.

A.J.: Well, it's a history of anger and frustration. It's also a history of loss.

C.S.: Tremendous loss. Personal loss. Partnership loss: the underlying secret conflict in my lovers between the pleasure and excitement and equity of being with an artist and their final decision always to become a father and have a traditional marriage. That's a big layer of loss. Of course, we lose everything sooner or later, but one would prefer later.

A.J.: And anger...

C.S.: Well, anger always has to go with humor and pleasure. Anger has to be honed ; with your biggest iron mallet you take the anger and you go at it long enough so that you can tune it. It has to become funny and outrageous and made back into something aesthetic. It's not good enough on its own. But it's good.»

In: Alexandra Juhasz (org.), *Women of Vision, Histories in Feminist Film and Video.* Minneapolis/ Londres: University of Minnesota Press, 2001, p. 73. Em *Women of Vision*, a escritora e teórica das mídias Alexandra

///

Benjamin me empresta o livro de Nicole Loraux, *La Voix endeuillée*. Nele, a historiadora explica como esquecer o conflito é necessário ao bom funcionamento da cidade antiga. É porque as potencialidades conflituosas que ameaçam incessantemente o contrato social são engolidas que este é mantido. No entanto, a voz enlutada de Electra é um exemplo de uma dessas vozes que se erguem e recusam a manutenção do fluxo desse contrato. Essas figuras de mulheres da Antiguidade que carregam sua cólera com elas por toda parte me fascinam. Electra é insuportável com sua cólera, o próprio coro lhe diz: seu luto é excessivo e sua lamentação, intransigente demais: «Você não é a única dos mortais que viu a dor». Sua «recusa da anistia» permanece em minha cabeça. O trabalho de Nicole Loraux sobre a ideia do «sempre» desenvolve a ideia da permanência da cólera no seio de temporalidades ou roteiros múltiplos: «uma repetição construtiva em uma

---

Juhasz transcreve as vozes de 21 mulheres diferentemente implicadas em uma pesquisa relacionada a feminismo e mídia. Ativistas, artistas, educadoras, distribuidoras de filmes, críticas, pesquisadoras: todas pensaram em como as técnicas, o *savoir-faire*, podia ajudar-lhes a descrever seu engajamento político, artístico ou profissional. As entrevistas foram gravadas entre 1995 e 1996 para um documentário (concluído em 1998).

continuidade sem ruptura». Essas lógicas de perpetuação em que as heroínas trágicas acreditam, a fixação desse tempo além do tempo, é o que constitui sua loucura. O encantamento se fixa na reclamação, que rima com «sempre»: uma forma de negatividade da qual nos recusamos a sair e que as mulheres parecem conhecer como ninguém.

///

Decido guardar um lugar para essa inflamação oratória, um pouco interior, que pena a encontrar sua forma, que frequentemente não dá em nada. Começo a coletar esses momentos em que os discursos se inflamam. O cinema e a literatura recente me fornecem exemplos interessantes. Mas, prestando atenção, a vida cotidiana transborda completamente dessas situações, bem mais fortes do que «exemplos». São situações repletas de detalhes, texturas, palavras e gestos que tecem a trama da irritação. As discussões telefônicas com minhas amigas são ainda o melhor posto de observação possível para medi-la. Essas conversas se conectam a um cotidiano inacreditavelmente tomado pela velocidade: as narrativas de vidas que tentam manter projetos profissionais, as situações amorosas, as viagens, as crianças, a casa — tudo junto. Diversas vezes, ao desligar, me arrependo por não ter gravado essas conversas. Elas são a imagem mais bem acabada de vidas atravessadas pelo aborrecimento, pela raiva e pelas decepções e que, com humor, revertem a onda, recusam as fatalidades. O resultado não raro é a impressão de que essas personagens femininas, bem reais, que me rodeiam, são verdadeiras heroínas, campeãs da organização tanto quanto do caos, e de que sua capacidade de narrar ou relacionar os episódios dispersos de seus cotidianos tem qualidade literária. O fator de ligação entre esses episódios é a irritação, que vem quebrar as transições, que perturba e complica uma simples e lânguida aceitação das dificuldades. A irritação as torna exigentes, afiadas, nervosas, capazes de pedir explicações. É essa capacidade de dramatização que interessa, pois ela equivale a uma narrativização. Tiro daí a conclusão temporária de que a irritação faz de nós heroínas.

///

Tenho a lembrança precisa de contrair, quando tive alguma rinofaringite, uma tosse incrível, que durou semanas. Uma «tosse de irritação». Especialmente ativa à noite, ela vinha se abrigar em meu sono, acordando-me no meio de meus sonhos. Mas não era só a mim que ela acordava, e rapidamente fui posta em quarentena, confinada em um quarto mais distante, onde minha irritação não incomodava mais ninguém. A tosse, como motivo desta vez, tinha me ocupado tempos atrás, quando eu escrevia sobre o filme de Peter Watkins — *Edvard Munch* (1974). Nele, a tosse era trabalhada como princípio físico e sonoro da doença que destrói tudo que está por perto: a turberculose. Surgindo no meio de um plano ou de uma frase, fazendo o próprio quadro soluçar, a tosse é anunciadora da morte. Ela se insere nas atividades mais cotidianas. Katherine Mansfield também deve ter passado por tosses noturnas: «Pareço passar metade da vida chegando a hotéis estranhos [...] A porta estranha se fecha diante da pessoa estranha e então eu deslizo para baixo dos lençóis. À espera de que as sombras saiam dos cantos e teçam sua teia lenta, lenta, sobre o Mais Feio Papel de Parede do Mundo [...] O homem no quarto vizinho tem a mesma enfermidade que eu. Quando acordo, à noite, ouço-o se revirando. E em seguida ele tosse. Após um silêncio, eu tusso. E ele tosse de novo. Isso se prolonga por um largo tempo. Até eu sentir que somos como dois galos que cantam um para o outro em falsas alvoradas. Em fazendas ocultas e distantes».[69]

---

69. Citado por Susan Sontag, *A doença como metáfora* (1977). Trad. Rubens Figueiredo e Paulo Henriques Britto. São Paulo: Companhia das Letras, 2007.

///

A atriz Jeanne Balibar é enrevistada em um programa de rádio sobre *La Dame aux camélias,* espetáculo adaptado do romance de Alexandre Dumas no qual ela atua: «Podemos ver *La Dame aux camélias* como um texto nem tão apaixonante do ponto de vista literário, politicamente bem nojento, mas muito interessante porque é sintomático da França de 1848 em que foi escrito. Em 1848, a França foi de revolução a revolução, de tentativas revolucionárias a tentativas revolucionárias, então há esse tipo de corpo social francês que tenta conquistar a liberdade, a igualdade e a fraternidade, mas não consegue nunca. De certo modo, Margherite Gauthier é isso também».[70]

///

Em fevereiro de 2017, Joan me manda um link para o poema de Nina Donovan (dezenove anos, estudante de sociologia em Franklin, no Tennessee), «Nasty Woman», que ela escreve em resposta a Donald Trump, que trata Hillary Clinton de *nasty woman* durante o debate presidencial.

---

70. «Grand entretien avec Jeanne Balibar, La Grande table par Caroline Broué», France Culture, 10 jan. 2012.

Filmada com um celular, vemos a garota, toda delicada, vestida com um pulôver laranja e um jeans preto esfarrapado, aproximar-se de um microfone instalado no palco. Alguns fãs a encorajam. Ela começa a ler seu texto em voz alta. Sua voz é clara, bem aguda, suas mãos se agitam no ar. Ela está ereta como um poste, sua voz não vacila. Ao mesmo tempo que recita, parece que ela fala conosco de um jeito simples, que ela nos conta uma história. Mas o tom se eleva, o ritmo se torna alucinante, a história embala e as referências à América de Trump — sua violência, seu racismo, as desigualdades que aumentam — fazem de sua voz fina o veículo de uma irritação sem limites. O texto é retomado por ocasião da *Women's March* do dia 21 de janeiro de 2017 pela atriz Ashley Judd, mas não tem comparação. A voz da garota ressoa com uma força incrível. Como a voz de Emma Gonzales, nascida em 1999, colegial que escapou do tiroteio de Parkland (Flórida) em fevereiro de 2018. Essas duas garotas tão jovens, na frente dos microfones, sérias, veementes... Converso sempre sobre elas com Joan, que como eu é professora em uma escola de artes e que observa com atenção as estudantes que nos rodeiam, o que as deixa zangadas, o que as mobiliza.

///

«As mulheres gregas dos períodos arcaico e clássico não eram encorajadas a emitir gritos descontrolados dentro do espaço da *polis* ou em qualquer lugar que estivesse ao alcance dos ouvidos masculinos. Aliás, a masculinidade nessa cultura se define pelo uso diferente que os homens fazem do som. A contenção verbal é uma característica essencial da *sophrosyne* ('prudência, sanidade mental, moderação, parcimônia, autocontrole'), virtude masculina que estrutura quase todo o pensamento patriarcal em assuntos éticos ou emocionais. [...] De modo geral, as mulheres na literatura clássica são uma espécie entregue ao fluxo caótico e descontrolado de sons - gritos agudos, lamúria, soluços, lamentos estridentes, risadas altas, gritos de dor ou de prazer ou acessos de pura emoção. Como observou Eurípedes, 'pois sentir suas últimas emoções chegando à boca e saindo pela língua é um prazer inato à mulher.»[71]

///

Holly, uma das irmãs de Hannah em *Hannah e suas irmãs* (*Hannah and Her Sisters*, 1986), de Woody Allen, é atriz. Ela busca continuamente soluções de vida e de

71.   Anne Carson, "O gênero do som". *serrote*, n. 34, mar. 2020, p. 123.

trabalho. Em dado momento, ela se associa a uma de suas amigas, April, e elas desenvolvem juntas a «empresa Stanislavsky», que propõe serviços de bufê para coquetéis. Em uma recepção, Holly e April encontram David Tolchin — arquiteto e amante de ópera — que vai procurar algo na cozinha. Ele é inteligente e autoconfiante, uma mistura de vulgaridade leve e despreocupada. Ele agrada às duas imediatamente. Elas perguntam o que ele faz, ele pergunta se elas estão mesmo interessadas e, em resposta à vontade que elas têm de saber mais, ele pergunta a que horas elas terminam o trabalho. Um corte e os personagens são vistos novamente dentro de um carro, em frente a um prédio que ele havia construído pouco tempo antes. Segue-se uma conversa improvável sobre arquitetura — improvável no sentido de que ela serve de fachada às intenções reais da sequência. Como acontece com frequência no cinema de Woody Allen, o recurso à cultura no sentido largo dá ensejo a combates de oratória, a monólogos inflamados ou a conversas estereotipadas — círculos retóricos que ocupam o vazio e mantêm as relações sociais quase sempre feitas de sedução. Depois da discussão no carro, novamente atendendo a um pedido das jovens mulheres, o arquiteto as leva para ver os prédios de que ele gosta em Nova York. Ostentatória, grandiloquente, ritmada por *Madame Butterfly* de Puccini, essa passagem do filme é a imagem do personagem masculino. No final dessa «visita guiada», os três estão na frente do carro do arquiteto que deve agora escolher qual das duas jovens mulheres ele deixará primeiro em sua casa. Holly será deixada primeiro, ela mora em Chelsea. Sua esperança de passar algum tempo sozinha com o arquiteto cai por terra. Do banco do passageiro, ela comenta em voz off o que acabara de acontecer, sua inveja de April, que se saiu melhor, que soube dizer o que era conveniente na hora certa. Curiosamente, Woody Allen escolhe novamente Puccini como pano de fundo da confissão de Holly. Uma vingança com relação à sequência anterior, violentamente sequestrada pela fala e as certezas do arquiteto? As dúvidas de Holly, que sente pena de si, engraçada também na maneira como ela observa a si mesma, desenham uma irritação que tudo levaria a se instalar. Essa irritação não tem um objeto definido: a jovem mulher está tão brava consigo mesma quanto com os outros. Sua voz desconstrói o conjunto da cena a que acabáramos de assistir: ela é um aparelho crítico, epidérmico. A voz irritada de Holly é a imagem de um fracasso feminino, preso nas redes de suas próprias dúvidas, de suas incertezas. Mas a sequência desenvolve também um processo de reapropriação através da música: uma partitura «enternecida» pela autossuficiência adquire uma tonalidade nova, combativa. A ironia da jovem mulher contradiz as certezas do arquiteto: ele estava apenas na imagem, e ela se vinga no segredo da voz interior. As linhas de derivação que ela constrói são estratagemas para resistir ao masculino que a ofusca, ao qual ela havia acabado de ceder seu brilho. Sua irritação é finalmente alegre.

///

Em abril de 2016, Joan me mostra o discurso de posse (*maiden speech*!!! Em inglês, *maiden* significa «moça», «virgem», «donzela») de sua heroína escocesa Mhairi Black. Nascida em 1994, ela é, aos vinte anos, a deputada mais jovem do Scottish National Party a ser eleita ao Parlamento. Mhairi Black é conhecida por suas francas e vigorosas tomadas de palavra (sobre a questão de seu *coming out,* ela havia respondido: «I've never been in»). No dia 7 de março de 2018, ela recebe, por e-mail, uma torrente de insultos. Ela os lê no Parlamento, com suas anotações à mão. Seu sotaque, que torna suas intervenções incompreensíveis para mim, contribui para o prazer que tenho em escutá-la e se torna sinônimo de sua irritação.

///

O texto que se segue é dito por Jane Fonda, olhando para a câmera, em *Tudo vai bem* (*Tout va bien,* 1972) de Jean-Luc Godard, filmado no calor de Maio de 1968. Repórter americana baseada na França, a personagem diz o texto em inglês, mas sua própria voz a dubla em francês. É preciso então imaginar aqui o sotaque de Jane Fonda — muito límpido e cristalino — quando ela fala francês. Trata-se de uma entrevista em que ela fala de suas dúvidas de jornalista, de sua dificuldade em encontrar a maneira correta de descrever aquilo de que gostaria de falar: «Não aguento mais. Se isso continuar vai acabar sendo assim todas as semanas. Sim, vai fazer três anos e meio que trabalho na American Broadcasting de Paris. No início eu fazia parte do serviço cultural — crítica literária ou cinematográfica, dependia. Enfim, eu me entediava muito fazendo esses negócios. Passei para a política depois do Maio. Não totalmente, na verdade. Me deixaram com um pé em cada editoria. O que acontece é que eles foram completamente surpreendidos elo Maio. E eu aproveitei. Isso trouxe alguma coisa pra eles. [...] Eu propus algumas enquetes. É insano porque agora eu dou o duro todas as semanas para que eles admitam que é absolutamente necessário falar desse ou daquele negócio, e ao mesmo tempo eu sei muito bem que sou incapaz de escrever sobre aquilo. Durante uma semana eu trabalho como uma louca sobre um assunto e não chego a nada. É talvez uma questão de estilo. Não sei se vocês percebem, há um estilo da empresa. Ouçam os programas, dá mesmo a impressão de que é sempre a mesma pessoa que pensou e escreveu tudo. Bom, agora eu percebo que, para falar do que eu quero falar, esse estilo não serve para nada. [...] Isso vem das próprias coisas, como se elas obrigassem você a escrever ou a falar de um jeito diferente. Enfim, não sei mais. Quanto mais eu penso, tenho a impressão de entender ainda menos o que acontece. As coisas que me interessam na França se tornam completamente opacas. Sou uma correspondente americana na França que não corresponde mais a nada!» Imediatamente após essa sequência, vemos a personagem se acomodar em um estúdio de gravação. A câmera está posta do lado da cabine de direção, atrás de um vidro. Uma luz vermelha acende e Susan começa a gravação de um texto que ela redigiu. Mas emperra. Ela não está satisfeita, quer começar do começo. De novo, ela para: «It's crap!», ela diz, falando do próprio texto. O plano seguinte a encontra em sua casa, na frente do namorado (Yves Montand), para a cena de ruptura. Em uma obra sobre Godard, Kaja Silverman utiliza a palavra «casamento» para falar das relações entre voz e imagem.[72] No cinema de Godard, esse casamento raramente acontece. Entre a voz americana e a voz francesa de Jane Fonda, não há reconciliação possível, como no seio do casal que ela forma com Montand. Essa assimetria tem como efeito a oscilação da dimensão pessoal daquilo que a personagem Susan fala. Kaja Silverman explica isso bem. Godard nos impede de considerar os problemas, quaisquer que sejam eles, como propriedades privadas. As ligações entre voz e imagem vão mais na direção de compartilhar as preocupações: no fundo, nós todos temos mais ou menos os mesmos problemas e ninguém é proprietário deles. Nossa irritação se parece conosco. Jane Fonda sou eu.

///

De acordo com Sianne Ngai, professora de literatura na Universidade de Chicago, a irritação deveria ser considerada uma cólera «incorreta», inadequada, que não pode ser relacionada nem a uma ocasião particular, nem a um objeto preciso. Ela associa a irritação a um *mood*, seria mais uma atmosfera do que uma emoção. Ao

---

72. Kaja Silverman e Harun Farocki, *Speaking about Godard*: Nova York/ Londres: New York University Press, 1998.

mesmo tempo excesso e falta, a irritação, à imagem de Holly juntando suas forças para não identificar a causa exata de sua raiva, parece transbordar, se apegar ao mínimo elemento que lhe é apresentado. Em matéria de medida ou objeto, a irritação nunca está «bem colocada». Mas as análises de Sianne Ngai sobre a irritação são preciosas porque ela insiste sobretudo no aspecto físico, corporal da irritação: «Que a irritação seja definida como uma experiência emocional ou física, seus sinônimos tendem a se aplicar de maneira equivalente à vida física e à vida corporal — e especialmente a sua superfície ou à pele. Além de 'inflamação', 'rugosidade' e 'prurido', por exemplo, a irritação, quando provoca uma contrariedade, torna-se também 'hipersensibilidade', 'suscetibilidade' ou 'sensibilidade' — palavras que contêm uma dimensão explicitamente afetiva e que servem de marcadores sociais no discurso que o século XIX desenvolve acerca dos 'nervos'».[73] A irritação que me interessa não se resume a inflexões de vozes cambiantes, aborrecidas e reativas. Ela implica os corpos, que carregam por vezes os sinais dessas transformações. A hipersensibilidade corporal de que fala Sianne Ngai permite também remontar o curso

73. Sianne Ngai, *Ugly Feelings*. Cambridge/ Londres: Harvard University Press, 2005, p. 184.

da história: os «nervos» do século XIX, o cenário cultural que colocará nas mãos das mulheres a toxicidade da histeria, tudo isso aflora na irritação.

///

Leio no *Libération* um artigo sobre Marianne Faithful, sua voz rouca, sua interpretação de «Sister Morphine» — canção escrita com Mick Jagger e Keith Richards em 1969, quando ela tinha 23 anos, antes que ela se aproximasse da heroína, que ela consumiria até seus quarenta anos. Hospitalizada e sedada, ela descobre a vida de verdade e as sensações. Ela sofre de uma dor de dentes por semanas sem se queixar, convencida de que a dor é normal em uma vida sem drogas. Esse mal-entendido a conduz a uma operação aberta do maxilar. Dessa vez, foi a dor, considerada como uma simples irritação, que ela corajosamente conseguiu engolir.

///

Em meio a meus podcasts, vou parar em um texto escrito e lido pela escritora Zadie Smith na *New Yorker.* Billie Holiday fala consigo mesma, por volta de 1957, dois anos antes de sua morte — no momento em que suas dívidas, a droga e o álcool derrubam a cantora. Diz-se que sua voz estava afetada por tudo isso desde os anos 1940: sua dicção se perde, seu sentido do ritmo também, seu timbre se torna mais rouco, áspero. Como se ele se posicionasse em outro lugar, o texto de Zadie Smith não conta essas supostas degradações. O texto me interessa por sua transcrição de uma voz interior, porque Billie Holiday é uma cantora, uma voz negra (em sua introdução, Zadie Smith descreve essa voz como dividida entre «prazer e dor», *delight and pain*), mas também porque o monólogo tem algo de uma vingança, é atravessado por um aborrecimento — Billie Holiday parece fora de si. Ora, esse aborrecimento se deve, entre outras coisas, à maneira como falam de sua voz: «Todos esses colecionadores de Downtown e essas mulheres brancas com seus luxuosos casacos de pele adoram falar do seu 'fraseado' — está na moda falar do seu 'fraseado' — mas o que soa como uma revolução aos ouvidos dos outros é apenas bom senso para você. Apesar de todo o respeito que você tem por Ella, por Sarah, quando essas garotas abrem a boca para cantar, ah, para você é como se alguém abrisse a porta de uma geladeira nova em folha. Um frio imenso a invade. E você, bom, esse não é seu jeito de fazer as coisas. Você se recusa. Para você é evidente que a voz faz a mesma coisa, musicalmente falando, que o saxofone, o trompete ou o piano. É pelos sentimentos que a voz se impõe. Francamente, alguém não sabe disso?».[74] Em uma intervenção na Biblioteca Pública de Nova York, em 2008, «Speaking in Tongues»,[75] Zadie Smith desenvolve longamente sua própria relação com a linguagem — o dialeto, a gíria, os sotaques qualificam os personagens de seus romances, quase antes do resto. Ela conta a maneira como sua «voz inglesa» apareceu tarde, no colegial: uma voz letrada que inicialmente não era a sua. Seu percurso consistiu em misturar os sotaques, as línguas — perdendo de vista progressivamente o dialeto urbano de sua infância. Esse período de sua vida, em que ela era dupla, falada por múltiplas vozes, foi decisivo.

///

Valerie Solanas é conhecida por seu *scum Manifesto,* polêmico artigo feminista que ela divulga em Nova York em 1967, e por ter atirado em Andy Warhol. Quando Avital Ronell se apropria dessa figura, ela fabrica um texto venenoso que levanta uma questão

---

74. Zadie Smith, «Crazy they call me», *The New Yorker*, 6 mar. 2017.
75. Zadie Smith, «Speaking in Tongues», *The New York Review of Books*, 26 fev. 2009.

importante sobre a irritação: é possível traduzi-la em uma atuação, como Valerie, que passa do manifesto literário ao revólver? A autoridade (patriarcal) a ser desfeita, as cercas que é preciso pôr abaixo, isso coça, isso irrita, e quando é que isso nos faz agir, de outro modo que não pelas palavras? «Com Valerie, algo dispara, algo acontece», escreve Avital Ronell. Seu texto começa assim: «Acima de tudo, Valerie Solanas queria escrever. Como não podia distribuir sua obra, ela atacou as metonímias de seus alvos declarados. Mas assim eu desembainho rápido demais minha arma. Façamos um recuo para formar uma impressão de Valerie Solanas e do não lugar que ela ocupa rigorosamente. Pouco representável ou representativa, ela foi uma mancha, um espectro às margens da escrita extremista. Seus textos estavam carregados de ironia, dirigidos ao real; confinada no cercadinho reservado à enunciação parasitária, ela adota a linguagem de uma peste, adota um certo tipo de discurso que faz as vezes de contrapé, embora parecendo-se a um discurso de inicitação ao ódio de ordem quase racial. [...] Se você for catalogada como mulher, seu grito pode ser notado como elemento de um conjunto de fintas subalternas — a jeremíada, a recriminação, o assédio, a falação, a inépcia que tanto serviram a depreciar ou a classificar o discurso das mulheres na história».[76]

///

Assim, a irritação é um motor — narrativo, ativista, literário, que faz de cada uma uma heroína potencial se nós aceitamos as lógicas parasitárias mais do que a manutenção de um status quo preguiçoso — aquele que faz Nathalie Quintane dizer, ainda na France Culture, que o cheiro das flores em Proust, ok, mas o que fazer com isso? «Claro, o perfume das flores é importante», ela explica. «Deus sabe como precisamos do perfume das flores e do zunzunzum dos insetos — ainda mais porque estão sendo destruídos por toda parte, isso é interessante, mas não nos contentemos com isso. Não nos contentemos com sentir um pouco mais, um pouco melhor, um pouco mais finamente o mundo sensível que nos rodeia, esse mundo sensível está sendo destruído, então vai ser preciso fazer um uso de Proust que vá além de simplesmente

76. Avital Ronell, «Rétribution indirecte: les buts de Valerie Solanas». In: *Lignes de Front*. Trad. Daniel Loayza. Paris: Stock, 2010, pp. 62-64.

saborearmos por nós mesmos o que há de bonito neste mundo. A beleza não vai bastar o tempo todo.»

///

Minhas temporadas em Bordeaux são ancoradas em uma situação imobiliária improvável. Nós estamos sempre em busca de lugar para morar, com períodos de trégua seguidos de crises bruscas, pois as soluções escasseiam de repente. Madeleine, que dá aula na mesma escola que eu, atravessa comigo esses episódios, nós marcamos alguns encontros, que tentamos combinar com nossos horários de aula. Ouvimos juntas, numa noite em que voltávamos de trem, uma mensagem telefônica deixada por uma corretora de imóveis com quem estávamos conversando para organizar a visita de um apartamento. Seu monólogo infinito, que consegue, em sua extensão, jamais mencionar o motivo de nossas conversas mas que transborda de irritação, fornece uma imagem possível de nossas temporadas em Bordeaux: «Oi, bom dia, Madeleine, bom, aqui é a Nathalie. Estou um pouco surpresa com seu comportamento, porque ontem à noite nós conversamos bastante. Eu tinha explicado um pouco meus imperativos. Você insistiu. Sabendo que você só voltaria a Bordeaux em janeiro e que você partiria hoje à noite para Paris. Enfim, não vou repetir pra você toda nossa conversa. Acho que você se lembra dela tanto quanto eu. Mas eu confesso que, bom, é uma surpresa bem desagradável porque eu trabalhei para você. E fiquei sem notícias. Nem um mísero SMS para me dizer... Enfim... Acho que não foi muito respeitoso de sua parte. Mas tudo bem, posso entender, sou a primeira a dizer: não tem problema. Todos nós temos vidas complicadas, compromissos aqui e ali, obrigações, isso todos nós temos em comum. Mas estou um pouco decepcionada com sua maneira de fazer as coisas. Então, bom, como eu disse, estou disponível agora. Mais tarde será só à noite. É isso, Madeleine. Você me pareceu uma pessoa séria, que fala em nome de duas, três pessoas no total, você parecia respeitosa e tal. E percebo, enfim, de todo modo é um pouco esse o dia a dia da minha profissão, percebo que cabe a mim descascar o abacaxi. Não dá para confiar nas aparências, Madeleine. Bom, você tem meu número. Você sabe o que fazer ou o que não fazer. Porque dar uma de avestruz, é, estou careca de ver essa técnica por aí, pessoas que não assumem o que fazem. Em todo caso eu vou receber sua ligação com prazer. Errar é humano. É bom também saber pedir desculpas e não fazer as pessoas de... Meu tempo é precioso, Madeleine, ele é muito precioso. Desejo a você muito boas festas, Madeleine, e é com sinceridade que eu falo. Imagino que você tenha tido vários imprevistos, mas eu teria preferido que você me ligasse, falasse comigo em voz alta, por um mínimo de educação. É isso, Madeleine, você agora sabe o que penso. Sou uma pessoa verdadeira, sincera, digo sempre as coisas na cara e isso não impede que dois segundos depois a vida continue e todo mundo tenha o direito de mudar. Mas eu teria de verdade apreciado uma ligação sua. Desejo ótimas festas, reitero, a você e a seus colegas». O que fazer com um bloco de palavras desse tipo, quando ele chega em seus ouvidos no fim do dia, depois das interrupções, das apneias, dos transbordamentos, das acelerações e das irritações que atravessamos como foi possível? O que fazer com essa voz desconhecida que se infiltra, se instala, que se demora para desenvolver um estado de alma, um humor assim tão bruto? Talvez começar por reconhecer sua potência literária, narrativa, e confiar assim no fluxo do cotidiano, nas pessoas que nos rodeiam ou que decidimos ouvir, para termos a reserva mais repleta de narrativas e histórias de que dependem nossas vontades de desvendar.

Em março de 2019, passo alguns dias em Londres com Enrico para ver a retrospectiva de Dorothea Tanning na Tate Modern. Tenho no computador uma coleção de imagens de suas pinturas, encontradas na internet, que mostram silhuetas de mulheres entrando em livros. Frequentemente representados como portas entreabertas, esses livros tomam às vezes a forma de volumes muito abstratos, pairando em paisagens insondáveis. Essas silhuetas falam algo sobre minhas próprias investigações, de pontos de partida que permitem que eu me situe: eu também me enfio nos livros e assim abro portas. Eu me imagino vestida com esses vestidos longos, virando páginas, escorregando em histórias que me levam a cada vez para um novo continente. Faz algum tempo que uso essas imagens nas apresentações em PowerPoint que preparo para intervenções, cursos ou colóquios. Assim, minha voz vem animar as portas e os livros de Dorothea Tanning. Isso me permite dizer de onde falo — quero evitar esses momentos em que o saber ou os conhecimentos parecem vir de muito longe ou de nenhum lugar.

Sabemos muito raramente quem fala quando as pessoas tomam a palavra. Há alguns anos, Jean-Philippe tinha falado de uma rádio independente americana, a WFMU, que ele ouvia sempre e na qual um programa, *This is the Modern World,* era confiada a DJ Trouble. Ele me conta que a cada vez que ela entra no ar, pois DJ Trouble é uma mulher, ela se apresenta sempre do mesmo jeito: «Hello, I'm Trouble». A expressão é difícil de traduzir, mas o sentido é claro — algo como: «Eu sou a cizânia». Repenso nessas personagens femininas das comédias americanas dos anos 1940, as que mais amo — Katherine Hepburn, Irene Dunne: sua função consiste em semear a discórdia na vida bem regrada de homens jovens um pouco travados, para que a vida flua sem impedimentos. Ao trazer os aborrecimentos — e às vezes são verdadeiras tempestades que se abatem brutalmente sobre os personagens —, elas vêm perturbar a rotina um pouco insípida em que estão instaladas.

No «mundo moderno» de DJ Trouble, que é nosso mundo, a perturbação é enunciada, é anunciada antes de todo o resto, antes que a música seja lançada. Ela é sempre encarnada por alguém, por uma mulher, mas não precisa mais ser roteirizada, ser tomada nos meandros de uma narração. A perturbação é a situação em que estamos, com a qual é preciso viver — *Staying with the Trouble,* diz Donna Haraway. «Hello, I'm Trouble»: a espessura das palavras depende sobretudo da voz que as carrega. Essa espessura vai bem além do sentido que se pode atribuir à expressão: para que ela seja «vocalmente» ativa, ela deve pertencer a alguém, emergir em um contexto particular, desenhar um território. É o conjunto desses dados, articulados, que, neste caso preciso, carrega consigo a perturbação. Assim, as palavras se inflam de uma textura que apenas a experiência vivida, percebida, pode oferecer. Sem a espessura, as palavras flutuam. As vozes me fornecem então uma passagem, uma entrecâmara: aquela que vai das palavras à sua maneira de se encarnar nas situações. Ouço na France Culture a voz clara e límpida da filósofa Vinciane Despret, que fala de seu novo livro sobre os pássaros: «Eu penso», diz ela, «em uma observação que meu doutorando Thibault de Meyer me fez [...]. Ele tinha lido um livro da filósofa Salomé Voegelin sobre a potência dos sons. E ele dizia: o que o som muda em nossa relação com o mundo? De fato, quando estamos na ordem do visual, estamos na ordem da certeza, aliás 'é ver para crer' e outras coisas do gênero, agora, com um som, você tem um enigma que se cria. Você não sabe necessariamente de onde ele vem, você não sabe quem o produziu. Ele dizia:

o som o incita a ir ver, a ir mais longe. Ele o coloca à procura. [...] A busca de sons é uma busca de curiosidade que respeita o fato de que não sabemos de tudo, que não temos acesso a tudo».[77] No momento em que ouço, estou preparando o calendário dos encontros que proponho a meus alunos da Escola de Belas Artes de Paris. Quero que eles leiam uma novela da escritora Ursula K. Le Guin, *Sur*, na qual um grupo de mulheres parte secretamente, nos anos 1910, à conquista do polo Sul — secretamente porque ninguém, nunca, saberá que essa expedição ocorreu: elas não deixarão pista alguma. A viagem constitui o coração de sua experiência, os troféus e as bandeiras não lhes interessam. Depois dos primeiros icebergs, a instalação, os treinamentos, as expedições de reconhecimento em trenós, elas lançam enfim a expedição austral. No meio do frio e da noite, elas começam a cantar: «Naquela 'noite' — claro, não havia uma real escuridão — nós fomos todas as nove juntas para o coração da planície horizontal congelada. Era o dia 15 de novembro, aniversário de Dolores. Nós comemoramos colocando um quarto de litro de pisco no chocolate quente e ficamos muito alegres. Cantamos. É estranho agora lembrar de como nossas vozes soavam

---

77. Vinciane Despret, *La Grande Table des Idées par Olivia Gesbert*, France Culture, 3 out. 2019.

finas naquele grande silêncio. O tempo estava muito nublado, branco, sem sombras e nenhum horizonte visível ou qualquer alteração do relevo aparente; não havia nada para ver. Tínhamos vindo para aquele lugar branco do mapa, aquele vazio e lá nós cantamos e voamos como pardais».[78] Dessa expedição, não há mais nada para ver, mas tudo para ouvir. Quando termino este projeto de livro, os pintarroxos de Vinciane Despret e os pardais de Ursula K. Le Guin produzem em mim o efeito dos passarinhos na *Cinderela* de Walt Disney — que fabricam em segredo o vestido para que ela possa ir ao baile.

Ao sair da exposição Dorothea Tanning e antes de tomar o trem para Paris, temos tempo para visitar a casa de Freud. Vamos de metrô. Uma sensação estranha me invade progressivamente, e demoro a identificá-la. O metrô de Londres é especialmente exíguo. Estou grávida de sete meses e penso primeiro que meu mal-estar se deve ao fato de me sentir um pouco apertada, em um espaço cheio de gente. Mas na verdade é outra coisa e eu entendo ao observar as pessoas ao meu redor. Não há nenhuma mulher no horizonte. O metrô de fato está cheio exclusivamente de passageiros homens. A situação é improvável. Tão improvável que demoro um tempo enorme antes

78. Ursula K. Le Guin, «Sur». *The New Yorker,* 24 jan. 1982.

de colocá-la em palavras e preciso da confirmação de Enrico para ter certeza de que não estou delirando. Nós mudamos de linha e na plataforma do segundo metrô a explicação aparece: um jogo de futebol vai começar em meia hora — Arsenal-Tottenham. O metrô transporta os torcedores que vão ao estádio. Grupos de amigos, pais com seus filhos, uma massa estranhamente pouco febril, globalmente silenciosa, mas incrivelmente presente, imponente. Um pouco desorientada, observo essa multidão temporariamente privada de mulheres e que parece no entanto muito confortável com essa ausência, esse vazio. É sobretudo o silêncio que me choca: me lembro dessa cena como se tivessem cortado o som — uma multidão afônica. Ao retomar meu caminho, penso: «Esses trens que transportam sem titubear essa avalanche de torcedores parecem funcionar perfeitamente. Mas faltam grãos de areia. Sem perturbação, sem voz, sem o canto dos pássaros, que tédio».

AGRADECIMENTOS

Foi em companhia de Thomas Boutoux, amigo e editor, que este livro navegou e depois encontrou sua forma.

Obrigada a Lise Wajeman, interlocutora insubstituível, que apoiou com tanta doçura minhas hesitações.

As histórias delas percorrem *Cizânias*. Em ordem de aparição, obrigada a: Solenn Morel, Benjamin Thorel, Benjamin Valenza, Armand Jalut, Gabriel Rosenman, Lila Pinell, Enrico Camporesi, Gaëlle Obiégly, Katinka Bock, Alexia Caunille, Maïder Fortuné, Nora Barbier, Hugo Benayoun Bost, François Piron, Eva Helft, Lola Schulmann, Fanny Schulmann, Jonathan Pouthier, Sarah Le Picard, Nans Laborde Jourdaa, Mia Hansen-Løve, Teresa Castro, Joan Ayrton, Madeleine Montaigne, Jean-Philippe Antoine.

Algumas partes deste livro têm como ponto de partida conferências ou textos publicados. Por tais oportunidades de trabalho e pelas conversas que suscitaram, obrigada a: Bruno Nassim Aboudrar, François Aubart, Alexandra Baudelot, Erik Bullot, Jeanne Gailhoustet, Danièle Hibon, Apostolos Lampropoulos, Barbara Le Maître, Marcella Lista, Dario Marchiori, Valérie Mréjen, Elena

Papadopoulos, Laura Preston, Lúcia Ramos Monteiro, Bertrand Schefer, Mathilde Villeneuve.

Pela ajuda e apoio, minha gratidão a: Patricia Falguières, David Gilberg, Germain Filoche, Marie Muracciole, Didier Schulmann, Sarah Schulmann, Niklas Svennung (Galerie Chantal Crousel), Elie Wajeman, Sacha Zilberfarb.

Um viva atoda a equipe de Paraguay e a amizade que nos une.

Agradeço ao CNAP, cuja bolsa de apoio à pesquisa em teoria e crítica de arte, recebida em 2017, permitiu-me escrever.

Ela não estava aqui quando comecei este livro, mas acompanhou seu desenlace: viva Palma Camporesi Schulmann.

VERSALETE

1. CLARA SCHULMANN *Cizânias*
2. JAN BROKKEN *O esplendor de São Petersburgo*
3. MASSIMO CACCIARI *Paraíso e naufrágio*
4. DIDIER ERIBON *A sociedade como veredito*
5. LOUIS LAVELLE *O erro de Narciso*

Dados Internacionais de Catalogação na Publicação (CIP)
(Câmara Brasileira do Livro, SP, Brasil)
Schulmann, Clara
Cizânias : vozes de mulheres / Clara Schulmann. –
Belo Horizonte, MG : Editora Âyiné, 2022.
ISBN 978-65-5998-052-9
1. Cinema 2. Ensaios brasileiros 3. Feminismo
4. Mulheres na literatura I. Título.
22-116555   CDD-B869.4
Índices para catálogo sistemático:
1. Ensaios : Literatura brasileira B869.4
Aline Graziele Benitez - Bibliotecária - CRB-1/3129

Composto em Argesta e Kepler
Impresso em Pop'Set Blue Violet 240g/m² e Pólen Bold 90g/m²
Belo Horizonte, 2022